함께하는 공동체의 행복공식

함께하는 공동체의 행복공식

초판 1쇄 발행 2021년 11월 01일

지 은 이 이창기
발 행 인 권선복
편   집 오동희
디 자 인 노유경
전 자 책 노유경
발 행 처 도서출판 행복에너지
출판등록 제315-2011-000035호
주   소 (157-010) 서울특별시 강서구 화곡로 232
전   화 0505-613-6133
팩   스 0303-0799-1560
홈페이지 www.happybook.or.kr
이 메 일 ksbdata@daum.net

값 17,000원

ISBN 979-11-5602-929-8 (03190)

함께하는 공동체의

행복공식

이창기 지음

도서
출판 **행복에너지**

오늘 우리 사회는 결코 행복하지 못하다. 그도 그럴 것이 정치 행정적으로 부패와 무능이 만연되어 있고, 경제적으로 부의 왜곡된 분배와 정경유착으로 고통받고 있으며, 사회문화적으로 불신과 정체성의 상실로 혼돈상태에 빠져 있다. 게다가 코로나19 펜데믹으로 일상이 파괴되었다. 이처럼 공동체가 불행하면 국민 개개인은 결코 행복할 수 없다. 심지어 학자들의 연구에 따르면 행복의 50%는 부모의 유전자가 결정하고 환경이 10%, 자신의 노력으로 이룰 수 있는 행복이 40%라고 한다. 개인이 아무리 노력해도 부모를 잘못 만나고 환경이 뒷받침되지 않는다면 한 번뿐인 인생을 불행하게 살아야 할까? 그렇지 않다. 부모와 환경의 부족한 부분을 공동체가 채워주면 더불어 행복할 수 있다. 바로 깨어 있는 시민, 명예로운 공직자, 헌신하는 공공 리더가 살아 움직이는 사회에서는 개인과 공동체의 행복을 모두 이끌어 낼 수 있다. 그런데 요즘 MZ세대는 개인의 행복만을 추구한다. 성공의 기준도 행복의 기준도 내가 정한다는 미제네레이션me generation세대다. 과연 나와 내 가족만 행복하면 그만일까. 공동체가 불행한데 모른 체하고 살 수 있을까? 개인의 행복과 개인의 행복을 더해서 공동체의 행복을 함께 만들어가는 덧셈의 법칙을 이해할 필요가 있다. 얼마 전 TV 프로그램에서 12분 만에 행복해지는 연구 결과를 소개

했는데 다른 사람이 행복했으면 좋겠다는 마음을 가질 때 나의 행복도가 커진다고 한다. 산책을 하면서 마주치는 사람마다 행복하기를 바라고 내 가족과 친구, 심지어 이웃이 행복했으면 좋겠다고 생각을 할 때 행복해진다는 것이다.

저출산 고령화로 말미암아 저성장사회로 진입해 있는 오늘날 더 성장하기를 기대할 수 없다면 더불어 행복한 공동체 의식을 키워가는 것만이 해답이다. 이를 공복共福 사회라고 불러도 좋을 듯싶다. 행복은 결코 혼자 행복해서는 온전한 행복이라고 말할 수 없다. 나와 가까운 친지와 이웃이 행복할 때 2/3의 행복이 채워지는 것이고 지구 반대편에 사는 잘 모르는 이웃마저 행복할 때 우리는 온전한 행복을 노래할 수 있다.

이 책을 출간하면서 지구생태계에 또 하나의 쓰레기를 던지는 것은 아닌지 걱정이 된다. 그러나 공동체의 행복이 절실하다는 시대적 요청에서 서로 머리를 맞대고 더불어 함께 살아가는 지혜를 나누기 위해 물음표를 던져 본다. 물론 이 책의 대부분의 내용은 선현의 지혜와 선배 학자들의 노력에 바탕을 두었고, 일부 문장이 반복적으로 언급되는 것은 주제와 제안을 강조하기 위한 것이니 널리 양해해주시기 바란다. 끝으로 본서의 출판을 기꺼이 응원해 주신 권선복대표님, 예쁘게 디자인 해주신 노유경 선생님 등 편집진의 노고에 감사드린다. 독자제현의 무거운 질정을 기대한다.

2021. 10. 01
이창기

제3장 왜 공동체행복인가?

제4장 행복한 공동체를 찾아

제5장   행복한 공동체를 이끌 이념

제6장   행복한 공동체를 만드는 시민들

제7장　공동체행복을 이끄는 공직자, 공공리더

제8장 **행복한 공동체를 위한 평생학습**

제1장

행복이란
무엇인가?

행복은 인생의 목적이다

오늘날 현대인들의 가장 큰 관심은 인생을 행복하게 사는 것이다. 고대 철학자 아리스토텔레스Aristoteles는 삶의 의미이자 목적을 행복으로 보았다. 그는 인간의 행위로 얻을 수 있는 최고의 것 역시 행복이라 주장하며, 모든 사람이 스스로 행복을 느끼는 것은 매우 중요하다고 하였다. 헤르만 헤세 또한 '인생은 행복할 권리가 있다'고 말할 정도다. 이처럼 사람들의 행복에 대한 관심은 인류 역사의 시작부터 인류가 멸망하기까지 최고의 목표가 될 수밖에 없을 것이다.

이를 반영이라도 하듯이 수많은 책에서도 행복을 주제로 다루고 있으며, 인터넷에서 쉽게 관련 내용을 찾을 수 있을 정도로 관심이 많다. 이러한 요구를 반영하기라도 하듯 우리나라 헌법 10조는 "모든 국민은 인간

함께하는 공동체의 행복공식

으로서의 존엄과 가치를 가지며, 행복을 추구할 권리를 가진다"라고 규정하여 국민의 행복추구권을 보장하고 있다. 이는 사람이 행복을 추구하는 것은 인간의 가장 기본적인 욕구에 해당하기 때문에 국가가 나서서 보장해 주려는 의도라고 할 수 있다. 그러나, 우리의 현실은 행복하지 못한 삶을 사는 것으로 나타났다.

2021년 3월 20일, 세계 행복의 날을 맞아 UN 산하 지속가능발전해법네트워크SDSN가 발표한 '2021 세계행복 보고서'를 보면 행복지수가 가장 높은 나라 1위는 핀란드이며, 2위는 아이슬란드가 차지하였다. 반면에 우리나라 행복지수는 세계 95개국 중 50위를 차지하여 충격을 주었다. 행복지수는 "필요한 것을 살 구매력이 있는가?", "어려울 때 주위와 커뮤니티의 도움을 받을 수 있는가?", "당신의 삶에서 원하는 일을 하고 있는가?", "남을 돕는 관용의 정신이 있는가?", "건강하게 오래 살 수 있는가?", "정부나 사업 운영에 부정부패가 있는가?"의 6가지 지표를 써서 측정하였다.

이를 보면 대한민국의 국내총생산GDP 규모가 세계 10위임을 고려했을 때 경제력과 행복도가 꼭 비례하는 것은 아니라는 것을 알 수 있다. 우리는 그동안 물질적인 면에서는 많은 성장을 이루었지만, 행복지수는 그에 미치지 못하고 있다.

행복의 의미를 사전에서 찾아보면 '생활에서 충분한 만족과 기쁨을 느끼어 흐뭇함'이라고 되어 있다. 즉 행복은 물질이 주는 것이 아니라 만족이나 기쁨을 느끼는 심리 상태를 뜻한다. 행복은 만족과 기쁨을 누리면서 자신의 삶이 좋고 의미가 있으며 가치 있다고 생각하는 상태이다. 즉 행복은 주관적인 것으로 개인의 경험 내에 존재하는 것이고 삶의 긍정적이며 적극적인 측면을 반영하는 것이다. 따라서 행복은 개인이 스스로 선택한 준거에 따라 자신의 삶을 긍정적으로 평가할 때 느끼게 되는 심리상태이다.

이처럼 '행복'이라는 단어의 의미는 눈으로 확인할 수 있는 실체를 갖지 않는 형이상학적인 감성적인 단어이어서 사람마다 다 다르게 받아들이고 있다. 따라서 행복이라는 것은 구체적으로 정의할 수 있는 것이 아니라, 형이상학적이기 때문에 사람에 따라 행복의 형태나 조건은 다를 수밖에 없다. 실제로 우리 주변에서는 경제적으로 부유한 사람, 사회적으로 성공한 사람, 학력이 높은 사람들도 자신이 행복하다고 느끼고 있지 않는 경우가 있으며, 행복의 조건에 대해서도 자신의 가치관에 따라 천차만별하다.

결국 행복의 내부적인 조건은 외부의 영향이 없이 본인이 스스로 느끼는 감정이다. 이러한 감정을 느끼게 하는 것의 가장 근원은 자존감이다. 자존감은 자신의 가치를 인정하고 스스로 존중하는 마음이기 때문에 자존감을 가지면 자신의 가치를 있는 그대로 인정하여 만족감을 느낄 수 있어 사람을 행복하게 한다.

따라서 사람이 진정으로 행복하기 위해서는 무엇보다 중요한 것이 자존감이라고 할 수 있다. 자존감을 바탕으로 자신이 정말 괜찮은 사람임을 느낄 때 외부의 영향이나 상황에 관계없이 온전히 행복한 삶을 누릴 수 있게 된다.

함께하는 공동체의 행복공식

그러나 결코 혼자 행복할 수 없기에 더불어 행복한 공동체를 만들기 위해 우리 공동체의 자존감을 동시에 높일 수 있는 길을 찾아야 한다. 바로 이 책이 시도하는 목적이다.

시인 구상

나는 홀로다.
너와는 넘지 못할 담벽이 있고
너와는 건너지 못할 강이 있고
너와는 헤아릴 바 없는 거리가 있다.

나는 더불어다.
나의 옷에 너희의 일손이 담겨 있고
나의 먹이에 너희의 땀이 배어 있고
나의 거처에 너희의 정성이 스며 있다.

이렇듯 나는 홀로서
또한 더불어 산다.
그래서 우리는 저마다의 삶에
그 평형과 조화를 이뤄야 한다.

행복에 대한 정의

1) 플라톤의 행복론

행복이란 무엇일까? 고대 그리스의 철학자 플라톤은 행복의 조건으로 ① 먹고, 입고, 살기에 조금은 부족한 듯한 재산, ② 모든 사람이 칭찬하기에는 부족한 외모, ③ 자신이 생각하는 것보다 절반밖에 인정받지 못하는 명예, ④ 남과 겨루었을 때 한사람에게는 이기고 두 사람에게는 질 정도의 체력, ⑤ 연설했을 때 듣는 사람의 절반 정도만 박수를 보내는 말솜씨 등의 다섯 가지라고 말했다.

플라톤이 생각하는 행복의 조건들은, 완벽하고 만족할 만한 상태에 있는 것들이 아니다. 조금은 부족하고 모자란 상태이다. 재산이든, 외모든, 명예든 모자람이 없는 완벽한 상태에 있으면, 바로 그것 때문에 근심·불안·긴장·불행이 교차하는 생활을 하게 될 것이다. 적당히 모자란 가운데 그 부족한 부분을 채우기 위해 노력하는 삶 속에서 행복이 있다고 플라톤은 생각했다.

플라톤   칸트

2) 칸트의 행복론

서양 근대철학을 종합한 독일의 철학자 칸트는 "지금 사랑하는 사람이 있고, 하는 일이 있으며, 미래에 대한 희망이 있다면 행복하다."고 말했다. 즉 칸트는 인간이 행복하려면 미래희망, 사랑, 일 등 세 가지 조건을 갖추어야 한다고 하였다. 그래서 어떤 이들은 건배사로 " '행복'은 하면 '미사일'로 해주세요." 또는 " '행복의 미사일' 하면 '발사'라고 해주세요." 라고 응용하여 사용하기도 한다.

3) 다산 정약용의 행복론

다산 정약용 선생은 행복의 조건을 다음과 같이 말했다.

> 내가 가진 것은 '이것', 그렇지 않은 것은 '저것'이다.
> 사람은 이것으로 만족하지 못하면 저것을 그리워한다.
> 그래서 저것은 천하의 공통된 걱정거리다.
> 지구는 둥글다. 그렇기에 내가 앉은 곳이 가장 높다.
> 하지만 곤륜산이나 백두산 설악산에 올라 더 높은 곳을 찾는 이가 있다.
> 지난 것은 좇을 수 없고, 다가올 것은 기약할 수 없다.
> 그래서 지금이 가장 즐거운 것이다.
> 그런데도 어떤 이는 환락에 현혹되어 '저것'만을 바란다.
> 현재의 나, '지금, 이것'을 누리는 사람이 행복한 사람이다.

많은 사람이 행복이란 부귀영화를 누리는 것으로 생각한다. 그렇다면 돈과 권력을 갖고 있으면 정말 행복할까? 돈이 없어 자녀의 욕구를 채워주지 못하거나 또는 사업에 실패해 자살을 택하는 사람들에게 돈은 절대 가치일 것이다.

권력의 맛을 누려 본 사람들에게 있어 권력을 잃는 것은 불행의 시작이나 다름없을 것이다. 또한 부귀영화를 누리면서도 그 고마움을 모르는 사람들에게 돈과 권력이 행복의 원천은 아닐 것이다. 왜냐하면 다산 정약용 선생이 말하듯 부귀영화를 누리는 대부분의 사람은 돈과 권력을 그리워하고, 돈과 권력을 얻기 위해 불법을 저지를 확률이 매우 높기 때문이다.

그래서 다산선생은 약간은 모자란 듯한 것이 행복이라고 규정하고 청복淸福을 이상으로 삼았다. 청복의 반대는 열복熱福으로 부귀영화를 누리는 것인데, 권불십년이라는 말처럼 부귀영화는 오래 지속하지도 못하고 뜬구름 같이 흘러가는 것이라 나중에 허망하고 그 빈자리가 더 커 보여 더 불행해질 수도 있다는 것이다. 사실 다산이 유배지에서 백성의 행복을 위해 직접 할 수 있었던 일은 현실적으로 거의 없었다. 훗날에 쓰이기를 기대하고 좋은 제도와 정책을 연구하고 정리하는 게 고작이었다.

　　다산은 자신에게 운명적으로 그리고 현실적으로 주어진 '청복'을 실현해 가면서 행복을 누리고자 했다. 한때 천주교 신자였던 다산은 인간세계와 자연 세계 위에 초월적 존재가 있다고 믿었다. 그 초월적 존재에 대해 부끄러움 없이 당당한 삶을 살려고 부단히 노력했다.

　　다산 정약용 선생에게서 주목할 만한 것은 그는 개인의 행복이 아니라 '공공의 행복'에 힘썼다는 사실이다. 공공의 행복을 위해 사회에서 소외된 최소 수혜자를 위한 복지 대책이 필요하다고 보았다.

　　다산은 목민관이 수행해야 할 첫째 덕목이 소외된 백성을 돌보는 것이고 그들을 살찌우는 것이라고 여겼다. 권력과 재력을 가진 사람들은 하늘의 대행자로서 어려운 사람들의 억울함과 배고픔을 해결해 줄 때 거기에서 보람을 느끼고 행복을 얻게 되는 것이다. 이게 진짜 행복의 원천이다. 그리고 하늘에 부끄럽지 않고 당당한 삶을 사는 것이 청복이다.

오리슨 스웨트 마든

매일 한 가지씩 기뻐할 것을 찾아라.

다음에는 두 가지를 찾아라. 다음에는 세 가지,

다음에는 한 시간에 하나, 다음에는 매 순간에 하나,

그러면 당신은 행복의 비결을 터득하게 될 것이다.

함께하는 공동체의 행복공식

03

행복은 어떻게 생겼을까?

인간이 끊임없이 추구하는 최고의 가치는 행복이다. 우리는 그 증거를 어릴 적에 배웠던 '희망의 나라로'라는 노래에서 찾을 수 있다.

자유, 평등, 평화, 행복 가득한 희망의 나라로… 그렇다. 인류는 18C에 자유를, 19C에 평등을, 20C에 평화를, 그리고 21C에 행복을 갈구하고 있다.

그렇다면 행복은 무엇이며, 어떻게 생겼을까?

철학자 칸트는 '행복의 개념은 아주 불명확한 것이어서 모두 행복을 얻고자 하면서도 정작 자신이 진정 원하고 의도하는 게 무엇인지 그 누구도 명확하고 일관되게 말할 수 없다'라고 행복의 실체를 설파했다. 이렇듯 자신이 탐구하는 주제를 정의하는 것에서부터 어려움을 감내해야 한다는 것은 누구라도 당혹스러운 일이 아닐 수 없다.

더구나 심리학자 프로이트마저 '행복이란 주관적인 그 무엇이다.'라며 '인간이 두려움에 떠는 상황에서도 행복하다는 생각을 가질 수 있다면 어떻게 행복에 대한 정의를 내릴 수 있겠는가 이 문제를 더 연구하는 것은 쓸모없어 보인다.'라고 하였다.

그럼에도 불구하고 행복이 현대인의 신념처럼 되어 버렸고 유행병처럼 번져가는 상황에서 행복에 대한 정의를 내리고 행복해지는 방법을 탐구하는 것은 매우 의미 있는 작업이다. 비록 행복이 객관화할 수 없고 주관적이라 할지라도 우리는 행복할 수 있고 행복할 것이며 행복해야 하기 때문이다. 클로버 네 잎이 행운을 뜻한다면 클로버 세 잎은 행복을 뜻한다고 한다. 그만큼 행복은 가까운 곳에 널려있고 우리가 얼마든지 찾을 수 있고 만들 수도 있다는 이야기다.

행복이란 한마디로 살아가는 데 있어서 만족한 상태를 의미한다. 물론 만족이 어느 정도 충족되어야 하는가는 개인의 욕구 수준에 따라 다르기 때문에 매우 주관적이다. 어떤 사람은 100억을 갖고도 모자란다고 생각할 것이고 10억이면 감지덕지할 사람도 있을 것이다. 사실 인간이 욕심을 부리는 것을 나무랄 수도 없다. 모두 욕심을 버리면 속된 말로 소는 누가 키우나? 그래서 일찍이 연암 박지원 선생은 지구라는 세상은 텅 빈 그릇이고 이를 채우는 것은 인간의 욕심들이라고 하였다. 권력을 좇는 사람들은 더 큰 권력을, 사업하는 사람들은 더 큰 돈을 벌고 싶어 안달한다. 명예를 추구하는 사람은 더 큰 자리를 욕심낸다. 그래서 세상은 활기차게 돌아가는 것이다. 그런데도 지구가 욕심으로 폭발하지 않는 이유는 인간의 선한 본성 때문이다.

지나친 욕심은 화를 부른다고 여기고 욕심 그 자체를 부끄러워하는 사람들이 많아서 세상은 유지되고 살 만한 세상이 된다는 것이다. 그러므로

함께하는 공동체의 행복공식

여기에서 행복해지는 지혜를 하나 얻는다면 욕심을 적절하게 통제하는 능력을 지닌 사람만이 행복해질 수 있다는 점이다. 자신의 분수와 능력에 맞게 욕심을 부리거나 자기가 목표로 세운 욕구의 70~80%면 만족할 만하다는 자세를 견지하면 더 불만족하거나 불행할 수 없는 일이다. 절제된 생활 속에서 기쁨과 만족감을 느끼며 흐뭇한 상태를 유지하는 것이야말로 행복 그 자체가 아닐 수 없다.

행복happiness과 우연한 사건happening의 어원인 'hap'은 우연이라는 의미다. 따라서 행복이란 우연히 찾아오는 행운과 비슷한 느낌을 갖는다. 그렇다고 가만히 앉아 있어도 행운이 찾아온다는 의미는 아니다. 행운을 상징하는 클로버 네 잎이 클로버가 널려있는 잡초더미 속에서 땀 흘려 노력하다 우연히 발견되는 것처럼 행복도 행운도 노력 없이는 얻어질 수 없다.

미국의 소설가 엘리자베스 스튜어트 펠프스는 '행복은 개인이 지니고 있는 인격처럼 계발되어야 한다. 잠시라도 홀로 놔두면 잡초가 무성해질 수 있기 때문'이라고 했으며, 프랑스의 시인 기욤 아폴리네르는 '이따금 행복을 좇는 걸 잠시 멈추고 그냥 행복해하는 것도 좋지 않은가?'라고 반문했다.

행복은 객관적으로
측정할 수 있을까?

세계에서 가장 행복지수가 높은 나라는 어딜까? 2021년에 유엔SDSN이 발표한 '2021년 세계 행복 보고서'에 따르면 덴마크가 3위를 차지했다. 그러나 덴마크는 1년 중 6개월씩 비가 내린다. 겨울에는 하루 4시간밖에 해를 볼 수 없다. 환경 조건으로 보면 오히려 우울증이 걸리기 쉬운 나라다.

1위 핀란드를 선두로 하여 노르웨이, 스위스, 네덜란드, 스웨덴 등 주로 북유럽국가들이 상위권을 차지하였다. 모두 '태어나서 죽을 때까지 복지를 구현하는 나라들'이라는 공통점이 있다. 또 다른 특징은 이들은 공통적으로 높은 소득과 더불어 서로에 대한 신뢰가 매우 높고 넘치는 자유를 누리고 있다는 것이다. 즉 이 나라들은 심리적 자유감과 타인에 대한 애정을 기대할 수 있는 곳이었다. 결국 신뢰가 행복에 있어 매우 중요하다는 것을 알 수 있다.

함께하는 공동체의 행복공식

사회적으로 만연한 불신은 한국에서의 삶을 불행하게 만드는 요소 중 하나다. 한국인은 그 어느 나라보다 '돈'을 중요하게 생각한다. 돈을 중요하게 생각하기 때문에 다른 것은 중요하지 않으며, 특히 타인에 대한 신뢰도 수준이 낮기 때문에 행복지수는 전 세계에서 50위를 차지하고 있다.

경제적인 부가 행복을 가져올 것이라는 추측도 엄청난 부를 가진 아랍의 산유국들이 경제적으로 부유하지만 행복지수는 최하위권에 머무른 것을 보면 틀렸음을 알 수 있다. 이를 보면 행복의 중요한 요소에는 돈이 결코 절대적이지 않다.

세상에서 가장 행복한 사람들은 세계에서 가장 못사는 부탄이라는 나라의 국민들이라고 한다. 무려 97%가 자신의 삶을 행복하다고 느끼고 있다고 한다. 실제로 부탄은 2020년 『비즈니스 위크Business Week』의 국민행복지수 조사에서 아시아 국가 중 1위, 전 세계 국가 중 8위를 차지하였다. 부탄은 국민소득 3천 달러에도 못 미치는 나라이지만 국민들의 행복에 대한 만족지수는 세계 1위다.

부탄이 행복한 나라가 된 것은 1972년 부탄 제4대 국왕인 지그메 싱기에 왕추크Jigme Singye Wangchuck가 국민행복지수GNH 개념을 제안하면서부터다. 부탄의 국민행복지수는 경제 발전도 불교적 전통문화에 기초하여 국민의 삶의 질과 행복감을 높일 수 있는 방향으로 추진되어야 한다는 취지에서 경제적 발전만을 평가하는 국내총생산GDP을 대체하기 위해 고안된 것이다.

부탄 정부는 국민행복지수를 계량적으로 측정할 방법을 개발하였고, 제5대 왕인 지그메 케사르 남기엘 왕추크Jigme Khesar Namgyel Wangchuck가 즉위한 이후 2008년 11월 국민행복지수를 국가정책의 기본 틀로 채택하였다.

부탄은 국민들이 행복한 나라를 만들기 위해서 정부가 새로운 정책을 시행하려면 선진국의 환경영향평가와 유사하게 국민행복지수 영향 평가를 거쳐서 국민들이 선택을 해야만 정책으로 자리를 잡을 수 있다. 국민들의 행복에 반하는 정책은 시행하지 않는다는 것이다. 예를 들어 누구나 기뻐하고 설레는 첫눈이 내리면 그를 기념하기 위해 정부에서 그날은 공휴일로 지정한다고 한다.

소득수준이 현저히 낮아도 삶 자체에 행복을 느끼며 살아가는 부탄 사람들에게서 행복의 기술을 배울 필요가 있다.

행복의 조건

그렇다면 어떤 것을 가져야 행복하다고 할까?

행복의 조건에 대해서 분석해 보면 행복의 조건은 시대에 따라 달랐다. 사람들은 행복을 찾기 위해서 현재도 노력하고 있지만, 앞으로도 노력할 것이다. 어쨌든 행복은 개인이 경험하는 주관적 정서라고 할 수 있다.

고대 그리스의 철학자 아리스토텔레스는 "행복이란 인간의 모든 행위가 목적으로 삼는 것, 즉 인간의 목표다."라고 말했다. 아리스토텔레스가 말한 것의 의미는 사람이 먹고, 마시고, 일하고, 휴식하고, 사랑하고 희망하며, 생각하고, 신앙하는 모든 인간적 행위는 궁극적으로 행복해지기 위해서라는 뜻이다. 이것을 역으로 생각해 보면, 행위 하나하나의 연속이 바로 우리의 삶이므로, 결국 이렇게 행위하고 살아가는 이유가 바로 행복이라는 뜻에 도달하게 된다.

2002년 프랑스에서 행복의 조건에 대한 여론조사를 한 적이 있다. 조사 결과, 1위는 다른 사람을 행복하게 만드는 것이었고, 4위는 '자연과 더불어 조화롭게 살며 자신을 알아 가는 것'이었다.

아리스토텔레스

부탄이 만든 국민행복지수의 4대 축은 다음과 같다. 평등하고 지속적인 사회경제 발전, 전통가치의 보존 및 발전, 자연환경의 보존, 올바른 통치구조 등이다. 우리가 생각하는 세속적인 행복의 조건보다는 국가의 운영이 국민의 행복에 기여하는 바가 크다는 것을 의미한다.

유엔SDSN이 고려하는 행복의 조건으로 국민총생산GDP, 건강기대수명, 사회적 지원, 삶을 선택하는 자유, 관대함, 부패인식 등이 있다.

서울대학교 행복연구소 소장인 최인철 교수는 행복의 조건을 특이하게

함께하는 공동체의 행복공식

분석하였다. 그는 행복의 척도에 있어 즐거움과 의미라는 두 가지 요소를 가지고 사람의 일상생활을 측정하여 그래프화하였다.

행복의 요소 중에서 가장 즐거우며 의미 있는 것은 여행Travel이었다. 그리고 수다와 같은 대화, 사회적 관계를 갖는 것, 산책과 같은 걷기Walk 나 운동, 먹는 것도 만만치 않은 행복감을 준다. 슬프게도 아이 돌보기 Care for child, 음주Drinking, SNS, 잠 등은 행복에 필요한 조건이기는 하지 만 즐거움이나 의미가 낮았다.

우리 삶에는 크게 가정과 일터라는 두 개의 공간이 있는데, 삶이 보다 풍요롭고 행복하게 되려면, 우리의 공간을 점검한 후 제3의 공간을 만들 어야 한다. 행복한 사람들의 공통점은 제3의 공간이 있다는 것이다. 이런 공간은 몇 가지 조건에 부합되어야 한다.

행복한 사람들이 갖는 공간의 조건은 첫째는 격식, 서열이 없는 곳, 둘 째는 소박한 곳, 셋째는 수다가 있는 곳, 넷째는 출입의 자유가 있는 곳, 다섯째는 음식이 있는 곳이다. 결국 행복한 사람들이 갖는 공간은 바로 여행인 것이다.

행복영화, 꾸뻬 씨의 행복여행

행복이 과연 무엇일까? 진정한 행복을 찾기 위해 여행을 떠난 주인공 헥터는 여행을 통해 만난 인연들과의 감정 속에서 느낀 행복이라는 것을 일기장에 하나하나 기록해 나갔다. 헥터가 기록한 15가지의 행복 요건은 다음과 같다.

①남과의 비교는 행복을 망친다.

②많은 사람은 돈이나 지위를 갖는 게 행복이라고 생각한다.

③많은 사람은 행복이 미래에 있다고 생각한다.

④행복은 동시에 두 여자를 사랑할 자유일지도 모른다.

⑤때때로 전부 알지 못하는 것이 행복일 수도 있다.

⑥불행을 피하는 것은 행복의 길이 아니다.

함께하는 공동체의 행복공식

⑦ 상대가 나를 끌어 내릴 사람인가, 끌어 올릴 사람인가?

⑧ 행복은 소명에 대답하는 것

⑨ 행복은 있는 그대로 사랑하는 것

⑩ 고구마 스튜

⑪ 원하면 내가 갖는 것

⑫ 행복이란 온전히 살아있음을 느끼는 것

⑬ 행복은 축하해 주는 것을 아는 것

⑭ 사랑은 귀 기울여 주는 것

⑮ 향수는 향수일 뿐이다.

이 영화를 통해 느낀 행복에 대해 살펴보면 다음과 같다.

첫째, 헥터가 여행하게 된 첫 여행지인 중국으로 가는 비행기 안에서 만난 상하이 은행가 에드워드. 그에게 행복이란 '돈'이다. 사람마다 행복의 기준은 다름을 보여준다.

둘째, 티베트 수도원에서 만난 승려와의 대화를 통해 느낀 행복의 요건 중 하나, 불행을 피하는 것은 행복의 길이 아니다. 어쩌면 우리는 모두 행복이 무엇인지 이미 알고 있는지도 모른다.

셋째, 아프리카로 간 헥터, 친구 마이클의 구호 활동을 돕다가 마이클의 행복이 무엇인지 알게 된다. 마이클의 행복은 있는 그대로 사랑하는 것이다.

넷째, 첫사랑 아그네스를 만난 헥터, 자신의 행복은 혹시 첫사랑과 함께했을 때가 아닐까 생각하는 헥터, 그러나 그녀는 과거가 아닌 현재, 정말 중요한 것은 과거나 미래가 아닌 현재라고 말한다.

다섯째, 헥터에게 심리 치료를 받아보라며 아그네스가 데리고 간 코먼

교수의 강의에서는 "행복의 추구보다는 무엇인가를 이루고자 추구할 때 오는 행복에 더 관심을 가져야 한다."고 말한다. 이는 지나간 것에서 행복을 찾지 말고, 지금 내 마음속 어딘가에 있을 행복을 찾으라는 것이다.

이 영화는 여행하면서 여러 사람, 여러 환경을 접한 꾸뻬의 참다운 행복은 "자신이 다른 사람들에게 쓸모가 있다고 느끼는 것"임을 보여주었다. 과정을 행하는 순간과 곁에 있는 사람의 소중함을 돌아보게 해주는 영화이며, 가족의 소중함을 느끼게 해주는 좋은 영화이다.

헥터

진정한 행복은 먼 훗날 달성해야 할 목표가 아니라
지금 이 순간 존재하는 것입니다.
인간의 마음은 행복을 찾아 늘 과거나 미래로 달려가지요.
그렇기 때문에 현재의 자신을 불행하게 여기는 것이지요.
행복은 미래의 목표가 아니라
오히려 현재의 선택이라고 할 수 있지요.
지금 이 순간 당신이 행복하기로 선택한다면
당신은 얼마든지 행복할 수 있습니다.
그런데 안타까운 것은 대부분의 사람들이 행복을 목표로 삼으면서
지금 이 순간 행복해야 한다는 사실을 잊는다는 겁니다.

함께하는 공동체의 행복공식

제2장

어떻게
행복할 수 있을까?

다큐영화,
'해피'가 주는 행복의 교훈

그렇다면 인간은 행복해서 웃는 것일까? 또는 성공해서 행복할까?

'웃으면 복이 와요'라는 옛날 코미디프로 제목처럼 사실은 행복해서 웃는 게 아니라 웃어서 행복해지는 것이다. 온갖 고민을 다 끌어안은 것처럼 인상을 쓰고 다닌들 누가 동정해 주는 것도 아니다. 아울러 행복하기 때문에 성공하는 것이다.

항상 웃고 행복해 보이는 사람에게 기회는 주어지는 것이기 때문이다. 얼마 전에 행복에 관한 다큐멘터리 형태의 '해피'라는 영화를 상영한 적이 있다. 결론은 우리가 익히 알고 있는 것과 큰 차이가 없었다. 영화에서 주는 교훈을 보면 다음과 같다.

첫째, 인간은 유대감 속에서 행복을 느낀다. 나와 기쁨을 곱하고 슬품을 나눌 가족이 있다는 것은 행복의 근원이다. 게다가 친척 중에 돈도 많고 권력을 지닌 사람이 있다면 행복의 든든한 백그라운드가 되어 준다. 그뿐인가. 살다 보면 멀리 떨어져 사는 형제보다 더 가까운 게 이웃사촌인데 아이를 마음 놓고 맡길 수 있거나 주말에 부담 없이 식사할 이웃이 있다면 그보다 더 행복한 일이 어디 있겠는가.

둘째는 주변 사람들에게 자신이 갖고 있는 것들을 나누는 데서 보람과 행복이 온다는 것이다. 하느님은 사람마다 저마다의 고유한 재능을 부여하셨다. 누구나 마음만 먹으면 자신이 갖고 있는 재능들을 이웃들에게 베풀 수 있다. 김귀동 할아버지는 "얻어먹을 힘만 있어도 남에게 베풀 수 있고 그것은 곧 주님의 은총"이라고 말하지 않았던가.

동물 세계를 보아도 사자는 포만감이 들면 더 사냥하지 않는다. 유독 인간만 포만감을 인지하지 못하고 죽을 때까지 사냥에 나선다. 그리고 그 사냥감은 온전히 내 노력의 산물이라 여기고 전 우주나 다름없는 자식들에게만 나누어 줄 뿐이다.

그 자식들 또한 영원히 사냥의 노예가 되어 버리고 만다. 오늘날 세습에 혈안이 되어 있는 한국의 재벌들과 교회들이 공격을 받는 이유가 바로 거기에 있다.

셋째는 행복은 물질이 아니라 마음먹기에 달려 있다는 점이었다. 행복은 객관적인 물질이 전부가 아니라 주관적인 마음 먹기에 달려 있다는 사실을 웅변하고 있는 것이다.

인간이 동물과 다른 점은 영성을 지녔다는 사실이다. 영성이란 신의 존재를 인정하는 것일진대 신이 존재하는데도 하느님을 빙자하여 나쁜

짓을 하는 사람들은 영성이 없는 사람들이다.

무신론자라 해도 세상은 혼자 살아갈 수 없고, 더불어 살아가야 한다는 것을 아는 것도 영성에 다름아니다. 영성의 눈으로 인생을 바라보면 내가 가진 것들은 하느님으로부터 잠시 빌려 보관하고 있을 뿐 내 것이 아니라는 인식이 확고해지고 그래서 항상 가벼운 마음으로 남을 배려하며 살 수 있을 것이다.

넷째, 내가 행복해야 남을 배려할 수 있다는 평범한 진리를 놓치지 말고 먼저 내가 행복해지는 연습을 시작해야 한다는 것이다. 우리는 어려서부터 남을 배려할 줄 알아야 한다는 가르침 속에서 나의 소망 따위는 항상 뒷전이고 내가 행복하기 보다는 남이 행복해야 한다는 강박관념에 사로 잡혀 있어 자신의 불행은 당연시 여겨지기도 한다는 것이다.

앤드류 매튜스

행복은 현재와 관련되어 있다.
목적지에 닿아야 행복해지는 것이 아니라,
여행하는 과정에서 행복을 느끼기 때문이다.

함께하는 공동체의 행복공식

스펜서 존슨, 행복의 3단계

스펜서 존슨Spencer Johnson의 행복 찾기는 시사하는 바가 크다. 존슨은 행복의 길을 나, 너, 우리 속에서 찾아내고 있는데 먼저 나를 돌아보는 것이 행복의 첫 단계라고 설파한다.

그때 내가 진정 바라는 행복이 무엇인지를 알 수 있다는 것이다. 내가 행복해야 남을 배려할 수 있다는 평범한 진리를 놓치지 말고 먼저 내가 행복해지는 연습을 시작해야 한다는 것이다. 나 자신을 소중히 여기며 자기 내면의 답, 즉 최상의 자아가 주는 지혜에 조용히 귀를 기울여 나를 위한 최선이 무엇인지 발견하라는 것이다.

그런 다음 상대방과 더불어 행복해지기 위한 2단계 작업에 돌입하게 되는데 내가 나를 소중히 여김으로써 행복해졌듯이 상대방도 자기 자신을 소중히 생각할 수 있도록 믿음직한 조언자가 되어 주어야 한다는 것이다. 다른 사람들이 그들 자신을 소중히 여기도록 도우면 나 자신도 보살핌을 받는 느낌이 들 뿐 아니라 내 삶의 균형을 찾을 수 있다는 것이다.

행복을 위한 3단계는 나와 너, 곧 우리의 행복한 관계를 만들기인데 나의 행복과 상대방의 행복이 온 세상을 평화롭게 만들 수 있다는 믿음 위에서 상대방을 사랑하고 상대방 자신을 소중하게 여기도록 해야 한다는 것이 스펜서 박사가 우리에게 주는 지혜다. 내가 나 자신과 좋은 관계를 맺고 있고, 상대방이 자신과 좋은 관계를 맺고 있을 때 비로소 서로 멋진 관계를 맺을 수 있다는 것이다.

내가 행복할 때 내 친구에게 15.6%의 긍정적 영향을 미치고 심지어 내 친구의 친구에게도 9.5%의 영향을 미친다는 실증적 근거처럼 내가 행복하면 온 세상이 행복해진다. 종교 분야에서도 공동체 영성이란 세상 모든 존재가 서로 생명을 주고받는 유기적인 관계라는 것을 믿는다.

인간과 자연, 자연과 우주의 모든 구성이 하나의 몸으로 되어 있다는 이야기를 불교에서는 '인드라망'으로 설명한다. 나와 이웃과 세계가 하나의 몸이기 때문에 고통도 기쁨도 하나이다.

저편 누군가의 고통과 상처와 눈물은 파동을 타고 내 영혼을 울린다. 그로 말미암아 나는 슬픔을 느끼게 된다. 세상이 슬퍼하는데 홀로 행복할 수 있는 기술은 없다. 내가 행복하기 위해서라도 이웃이 행복해야 하고 그를 위해 나를 내놓아야 한다.

이러한 맥락에서 공동체의 세계관에 진정한 행복의 원리가 있고 시대 치유의 길이 있다. 이웃을 위한 나의 희생과 헌신은 행복발전소로서 내 기쁨의 원천이 된다. '네 가족을 넘어서라. 세상의 모든 이를 네 가족으로 삼고 그들의 행복을 위해 그물을 던져라. 사람 낚는 어부가 되라'는 예수 의 말을 기억하자.

막심 고리키

행복을 두 손 안에 꽉 잡고 있을 때는

그 행복이 항상 작아 보이지만,

그것을 풀어준 후에는 비로소

그 행복이 얼마나 크고 귀중했는지 알 수 있다.

행복은 건전한 자존감에서

　필자 주변에는 지적 수준의 높고 낮음을 떠나 자존심이 센 사람들이 의외로 많다. 가능한 그들의 자존심을 건드리지 않으려고 노력한다. 왜냐면 그들은 일반적으로 고집이 세고 자기중심적인 사람들이기 때문에 상처를 입을 확률이 높기 때문이다.

　물론 자존심도 없냐는 말처럼 자존심은 자신의 존재근거이기도 하다. 그러나 흔히 자존심이 세다는 것은 남에게 굽히지 않고 자신의 신념이나 품위를 지키려는 마음으로 타인에게서 존중을 찾으려 함을 의미한다. 그렇지 못할 경우 둘의 관계는 어긋나게 마련이다. 물론 남에게 굽힌다는 것이 비굴하거나 열등한 지위에 있음을 의미한다면 자신의 존재가치를 확인하기 위해 자존심을 세울 필요가 있을 것이다. 그러나 통상적인 관계

　　　　　　　　　함께하는 공동체의 행복공식

에서 남에게 굽힌다는 것이 다른 사람에게 겸허하다거나 나를 낮추는 거라면 그렇게 하는 것이 오히려 나를 높이는 지름길이다. 자존심과 자존감을 혼용해 쓰는 경우가 많은데 후자는 자존감이 높은 경우일 것이다.

자존감과 자존심은 자신에 대한 긍정이라는 공통점이 있지만, 자존감은 '있는 그대로의 모습에 대한 긍정'을, 자존심은 '경쟁 속에서의 긍정'을 뜻하는 차이가 있다. 자존감은 자신을 존중하고, 자신을 사랑하는 마음이다. 자존감이 높은 사람은 모든 사안의 원인과 결과를 '나'에게서 찾는다. 그러나 자존심이 센 사람은 원인과 결과를 '타인'에게서 찾는다. 그래서 자존감이 높은 사람은 모든 잘못을 '내 탓'으로 돌리고, 원망할 일도 '감사'로 돌린다. 하지만 자존심이 강한 사람은 잘못을 '네 탓'으로 돌리고 감사할 일도 '원망'으로 맺는다.

'자존심'과 '자존감'의 차이는 세상을 살아가는 데에 있어서 하늘과 땅의 차이만큼 크다. 왜냐하면 '자존심'은 타인이 나를 존중하고 받들어주길 바라는 마음이고, '자존감'은 타인과 상관없이 내가 나 자신을 존중하는 마음이기 때문이다.

영어로 자존감은 self-esteem으로 자신이 사랑받을 만한 가치가 있는 소중한 존재이고 어떤 성과를 이루어낼 만한 유능한 사람이라고 믿는 마음이다. 자존감이 높은 사람은 정체성을 제대로 확립할 수 있고 정체성이 제대로 확립된 사람은 자존감을 지닐 수 있다. 자존감을 형성하기 위해서는 다양한 영역에서 보이는 자신의 장점과 단점을 바탕으로 자신의 가치를 제대로 형성하는 것이 중요하다. 일반적으로 자존감이 향상되면 기본적으로 학습동기. 대인관계, 생활의 만족도 등이 좋아진다는 연구 결과들이 많이 나와 있다.

특히 자존감은 주관적 행복과 높은 상관관계가 있는 내적 변수 중에 하나로 자존감이 높은 사람이 행복하다. 왜냐면 자기 자신에 대한 만족감은 주관적 행복과 매우 밀접한 관계가 있기 때문이다.

일반적으로 자존감이 높은 사람은 행복하고 안정적이고 애정이 넘치고 에너지가 많으며 순발력이 뛰어나다. 반대로 자존감이 낮은 사람은 불행하고 분노를 자주 느끼며 짜증을 쉽게 내며 갈등을 많이 겪는다고 한다.

반면에 자존감이 모든 일에 만능열쇠로서 작용하지 않는다는 주장도 있다. 미국의 심리학과 교수인 로이 바움에이스터Roy F. Baumeister는 2003년 자존감과 작업 효율은 별 연관성이 없다고 주장했는데, 삶이 행복해서 자존감이 높아지고, 불행해서 자존감이 낮아지는 것일 뿐 자존감이 높고 낮음에 따라 행복이 이후에 결정되지 않는다는 것이다. 또 높은 자존감을 지닌 사람은 주변인에게 공격적이고 지배하려는 경향이 강하며, 자존감이 낮은 사람은 상대적으로 공격성이 낮다는 연구 결과를 밝혔다.

로이 바움에이스터는 이 연구를 통해 자존감을 무작정 높이는 것보다 건강하게 유지하는 것이 중요하다고 주장했다.

함께하는 공동체의 행복공식

헤르만 헤세

인생에 주어진 의무는 다른 아무것도 없다네.

다만 행복하라는 한 가지 의무뿐,

우리는 행복하기 위해 세상에 왔지.

감사하는 만큼 행복하다

독일의 실존주의 철학자 하이데거는 '생각하는 것이 곧 감사하는 것이다'라고 말했다. 그러고 보면 영어의 'thank'와 'think'의 어원이 같다는 데에서 그 답을 찾을 수 있다.

감사는 한자로 느낄 감感과 사례할 사謝로 구성되어 있는데 '고맙게 느끼는 마음', 또는 '고마움을 나타내는 인사'라는 뜻을 지니고 있다.

심리학적으로 말한다면 '다른 사람의 호의나 도움을 받았을 때 생겨나는 기쁜 감정'이라고 할 수 있다. 따라서 감사는 나에게 주어지는 모든 것을 당연히 여기지 않는 마음에서 비롯된다.

오늘 우리에게 감사할 일이 얼마나 많은가? 아침에 눈을 떠서 내가 살아 있음에 감사하고 나의 사랑하는 가족들이 안전한 것에 대해서도 감사

함께하는 공동체의 행복공식

할 일이다. 한가한 시간에 햇볕을 받으며 커피 한잔 마실 수 있다는 것도 감사하고 행복한 일이다.

지금 건강하고 굶지 않으며 비바람을 가릴 지붕이 있는 쉼터가 있다면 더 감사할 일이 없을 듯하다. 독일의 대문호이자 철학자인 괴테는 "세상에서 가장 쓸모없는 인간은 감사할 줄 모르는 사람이다."라는 명언을 남겼다. 탈무드는 "이 세상에서 가장 행복한 사람이 누구인가? '지금 이 모습 그대로에 감사하면서 사는 사람'이다."라고 했다. 아리스토텔레스도 "행복은 감사하는 사람의 것"이라 했으니 감사와 행복은 참으로 깊은 연관이 있는 게 틀림없다. 인도의 시성 타고르는 "감사의 분량이 행복의 분량"이라고 말했으니 사람은 감사한 만큼 행복하게 살 수 있다.

감사와 행복 간의 관계를 증명하는 연구들을 보면 감사가 행복감을 촉진하는 이유를 알 수 있다. 감사는 나보다 더 많이 누리고 더 가진 자와 비교하는 것으로부터 주의를 돌리게 함으로써 행복을 증진한다. 그런데도 자신에게 주어진 조건을 항상 부정적으로 파악하고 남과 비교하면서 불평하고 불행에 빠지는 사람들이 의외로 많다.

물론 인간의 욕망은 끝이 없기에 현재의 상태에 불만족하고 더 많은 것을 요구하고 이를 채우기 위해 노력하다 보니 사회 발전이 이루어졌다는 주장도 틀린 말은 아니다. 그러나 늘 불평불만에 가득 찬 사람과 함께 일을 한다는 것은 여간 힘든 상황이 아닐 수 없다. 그가 아무리 성공해서 많은 부를 이루고 권력을 갖고 있다 하더라도 그것에 감사할 줄 모른다면 행복한 삶이라고 말할 수 없다.

더구나 자신이 이룬 부와 권력이 오로지 자신의 노력만으로 이루어졌다고 착각하는 순간 오만에 빠지기 쉽다. 그를 위해 희생한 주변 사람들에게 감사는커녕 희생을 더 요구한다면 그를 진정으로 존경할 수 있을까? 따라서 감사할 줄 모르는 사람은 메마른 대지나 다름이 없고 지옥에 사는 삶이라고 말할 수 있다. 그렇다고 모든 것에 감사하는 삶을 사는 사람이 현실에 안주하는 것이라고 비판해서는 안 된다. 감사하는 마음은 내일을 위한 도약의 원동력으로 이해해야 한다. 심지어 고통을 받는 순간에도 그 고통은 살아 있기에 느끼는 감정이므로 이 또한 감사할 일이다.

미국 루이지애나주의 나병 환자재활원 원장인 폴 브랜드 박사의 감사 일화는 유명하다. 브랜드 박사는 나병 환자를 많이 치료하다 보니 어느 날 자신의 복숭아뼈 아랫부분이 무감각해져서 나병에 걸린 것으로 절망했다고 한다. 그런데 다음 날 자포자기 심정으로 자신의 복숭아뼈 아랫부분을 핀으로 찔러 보았는데 너무 아파서 비명을 지르고 고통마저 감사하다는 것을 깨달았다는 이야기다.

언젠가는 감사 일기를 쓰는 것이 유행인 적도 있고 지금도 실천에 옮기는 이들이 적지 않다. 마치 오늘 나를 행복하게 한 것들이 무엇인지를 찾듯이 말이다. 감사의 효과에 대한 심리학실험Emmons & McCullough에서 참가자들을 세 그룹으로 나누어 1그룹은 매일 감사한 일을, 2그룹은 안 좋았던 일을, 3그룹은 일상적 생활사건을 기록하게 했다. 그 결과 매일 감사한 일을 기록한 그룹은 다른 그룹보다 자신의 삶에 대해 더 긍정적이고 낙관적인 평가를 하였고 다른 사람을 돕고 감정적 지지해 줄 의향이 있는 것으로 파악되었다. 물론 부정적 정서는 크게 감소하였다.

오늘 당장 잠자리에 들기 전 나에게 감사한 일들이 무엇인지를 열 가지

만 떠올려 보자. 그리고 나서 잠을 청하면 행복한 기분 속에서 숙면에 들

수 있을 것이다.

존 템플린

감사하는 마음을 가지면 부가 생기고

불평하는 마음을 가지면 가난이 온다.

감사하는 마음은 행복으로 가는 문을 열어준다.

감사하는 마음은 우리를 신과 함께 있도록 해 준다.

늘 모든 일에 감사하게 되면 우리의 근심도 풀린다.

긍정이 행복을 부른다

영국의 여성 심리학자 캐럴 로스웰은 행복공식에서 성격 좋은 사람이 행복하다고 규정한다. 모든 상황을 긍정적으로 받아들이고 심지어 스트레스를 해소하는 방법도 잘 알고 있는 사람이 행복하다는 것이다.

주변을 둘러봐도 상황을 늘 부정적으로 받아들이고 남에 대해 비난과 냉소를 보내는 사람들은 자신이 불행하기 때문에 다른 사람도 자신의 불행한 울타리에 가두려는 것이다. 일찍이 많은 연구결과를 살펴봐도 심리적 요소가 신체적 건강에 영향을 끼친다는 증거는 오랫동안 제시되어 왔다.

미국 심장학회가 발행하는 'Circulation' 誌에 게재된 폐경기 여성을 대상으로 한 '낙관주의와 냉소적 적개심이 건강에 끼치는 영향'을 연구한 결과에 따르면 낙관적인 여성들이 심장 질환 발병 또는 다른 원인으로 인해 사망할 확률이 비관적인 여성들보다 더 낮다고 한다. 반면 다른 사람에 대한 불신 등 냉소적 적개심이 높을수록 질병으로 인한 사망률은 증가한다고 한다.

낙관적인 마음가짐은 신체의 건강뿐만 아니라 사회적, 경제적 성공에까지 영향을 미치는 마스터키와 같다. 따뜻한 마음으로 세상을 바라보면 우리의 삶도 풍성함으로 가득 찰 것이다. 마틴 셀리그만교수는 낙관적인 사람과 비관적인 사람들에게는 평소 언어 습관에 큰 차이가 있음을 발견했다.

낙관적인 사람들은 어려운 상황에서도 '잘 될거야'라고 속삭인다. 일이 잘 풀리는 사람들은 샐리의 법칙을 믿는다. 내가 하는 일은 누군가 도와준다는 믿음 속에서 긍정의 결과를 기대한다. 그러나 머피의 법칙을 믿는 사람들은 일이 잘 풀리지 않고 오히려 모든 일이 꼬이기만 한다고 불평한다. 비관적인 사람들은 '아이고 죽겠다'라는 말을 입에 달고 산다. 낙관적인 삶은 나쁜 일이 발생한 상황에서 어떻게 부정적이지 않은 사고를 하느냐가 중요하다.

긍정적 사고방식이 낙관성의 핵심이다. 긍정은 다 잘 된다고 속삭이고 있다. 전부 나의 생각과 노력만으로 이겨내고 성취할 수 있다는 말은 곧 안 되면 전부 나의 잘못이라는 의미를 함축하고 있다. 그러니 불평, 불만은 허락되지 않는다. 오로지 긍정만이 있을 뿐이다. 그러나 문제가 있으면 적극적으로 불만을 제기하고 대책을 요구해야 한다.

어떤 상황에 직면했을 때 긍정적 사고가 상황을 바라보는 객관적인 시선과 개선을 위한 노력조차 가리게 만든다면, 그러한 긍정적 사고는 결국 나의 발등을 찍게 될 것이다. 그러니 누군가 당신에게 긍정적 사고를 강요한다면, 그것이 나의 객관적인 시선과 개선을 위한 노력을 가리는지 스스로에게 물어야 한다.

　어쨌든 낙관주의자들은 비관주의자들에 비해 다른 사람들에게 더 높은 호감을 주며, 더 높은 수준의 사회적 지지를 받는다. '하늘은 스스로 돕는 자를 돕는다'는 말처럼 내가 긍정마인드를 갖고 일을 열심히 하다 보면 주위 사람들이 알아서 도와준다. 바로 그들이 하늘인 것이다. 내 주변에 내 편이 될 하늘을 많이 두어야 한다.

　　　　　　　　　　　　　　　함께하는 공동체의 행복공식

문장부호로 보는 행복한 삶

문장부호로 보면 그 사람의 일생을 한눈에 볼 수 있다. 평생을 의문부호(?)만 던지며 인생을 마감(.)하는 사람, 의문부호에 답, 즉 느낌(!)을 찾고 마감하는 사람, 가끔 자신을 돌아보면서 쉼표(,)도 그리는 사람이 있다.

물론 의문과 느낌과 쉼, 그리고 마침표를 골고루 찍는 삶이 가장 잘 산 삶일 것이다. 그렇다면 과연 "사람은 왜 사는가?", 이런 질문을 자신에게 던져 보지 않은 사람은 아무도 없을 것이다.

근본적으로 사람은 살기 위해 먹는가 아니면 먹기 위해 사는가? 이처럼 사람이 살아가는 이유는 양면적이며 다양하고 복잡하다. 그래서 법륜 스님은 왜 사는가에 대한 질문에 '그냥 태어났으니까 사는 거다'라고 일갈한다. 그러면 사람은 무엇을 위해 사는가? 이 질문에 대해서도 수많은 선현과 지식인들이 다양한 답을 제시하고 있다. 이를 정리해 보면 다음과 같다.

첫째로 노예의 삶을 사는 사람들은 오로지 먹기 위해 산다. 노예는 자유도 사랑도 추구할 수도 없고, 추구하지도 않는다. 오히려 통제에 익숙해져서 주어진 환경에 순응하고 나의 안전과 생존 이외에는 관심이 없다. 그들에게서 다른 사람에 대한 배려나 사랑을 기대할 수 없다.

둘째로 자유만을 갈구하는 거지와 같은 삶을 추구하는 사람도 있다. 거지에게는 가족도 필요 없고 이웃에 대한 사랑도 없다. 심지어 노숙자들을 쉼터에 데려다 놓으면 뛰쳐나가서 다시 노숙 생활을 하고 있다는 게 아닌가?

셋째로 사랑을 먹고 사는 사람들이 가장 보편적인 삶을 사는 사람들일 것이다. 공자가 말하는 인仁도 사랑이요, 부처가 말하는 자비慈悲도 사랑이며, 예수는 사랑을 으뜸으로 여겼다. 심지어 성경책 구약과 신약을 한 단어로 요약하면 사랑이라고 하지 않던가? 사랑은 인간이 추구하는 최고의 가치임이 틀림없다.

먼저 나를 사랑하고, 내 가족을 사랑하며, 이웃을 사랑하고, 더 나아가 지구 저 반대편에서 고통받고 있는 사람들에게 연민을 보내는 것도 사랑이다. 성경에도 예수가 제자 베드로에게 '사람 낚는 어부가 되어라' 하는 뜻은 너 자신에 머물지 말고 심지어 네 가족을 넘어서서 세상의 모든 이를 네 가족으로 삼고 그들의 행복을 위해 그물을 던지라는 사랑의 메시지였다.

일찍이 영국의 철학자 버트런트 러셀은 "착한 삶이란 지식에 의해 인도되고 사랑에 의해 고무되어 연민으로 완성된다."라는 명언을 남겼다.

함께하는 공동체의 행복공식

이처럼 살아가는 데 있어서 필요한 세 가지 덕목은 죽을 때까지 모르는 것을 깨우치기 위해 학습하는 것이고 나와 내 이웃들에게 사랑을 나누면서 기쁨을 얻고 나보다 더 어려운 처지에 놓인 사람들에게 베풀고 나누는 가운데 보람을 얻는 것이다. 그렇다고 가치 없는 대상까지 무조건 사랑하라는 얘기는 아니다.

불의와 부정한 것까지를 사랑해서는 안 된다. 수잔 울프의 진정한 삶이란 가치 있는 대상을 사랑하는 것이라는 충고를 좌시해서는 안 된다. 따라서 행복한 삶이란 바른 지식을 사랑하고 나와 내 가족을 옳게 사랑하고 이웃을 고르게 사랑하는 것이라고 작은 결론을 내릴 수 있을 것 같다. 따라서 인생은 왜 사는가라는 질문에 대한 대답을 찾기 위해 학습하고, 그 느낌은 곧 사랑이며, 쉼표는 나와 내 가족만이 아니라 잠시 주위를 둘러보고 어려운 이들을 보듬는 일임을 알아야 할 것이다.

조지 오웰

인생의 목적이 행복이라고 단정 짓지 말아야 행복할 수 있다.

종교가 행복을 가져다주는가?

종교는 인간에게 행복을 가져다주는 존재일까? 2021년 기준으로 2565년 전 어리석은 중생을 일깨워 주기 위해 석가는 이 세상에 오셨다. 예수 또한 2020년 전 하나님의 무한한 인간 사랑을 전해 주기 위해 오셨다. 그리고 보니 공자께서는 2571년전에 어진 사람의 도리를 일깨워 주기 위해 오셨다. 따라서 종교란 죽어서 좋은 데 가는 수단이 아니라 살아서 잘사는 기술을 배우는 곳에 불과하다.

물론 사르트르는 사람은 삶이 두려워 사회를 만들고 죽음이 두려워 종교를 만들었다고 하나 죽음 이후를 걱정해서 현재의 삶 속에서 상대를 배제하거나 차별한다면 열반이나 천국에 갈 수 있을까?

불교는 윤회설을 통해 선하게 산 사람만이 열반에 든다고 설파했고, 기독교는 하나님의 말씀을 믿는 자만이 천국에 간다고 했는데, 말씀은 믿고 이를 행동으로 실천하지 않은 사람이 천국에 들 수 있을까? 그래서 마태복음에 '말과 혀로 사랑하지 말고 진리 안에서 행동으로 사랑하라'고 가르치신다.

따라서 살아서 잘산다는 것은 좋은 인간관계를 갖는 것이다. 부모와 자식 간의 관계, 시부모와 며느리의 관계, 친구나 이웃과의 관계를 잘 맺고 살아가는 것이 인생의 행복과 불행을 결정짓는다고 해도 틀린 말은 아닐 듯싶다.

그래서 키에르 케고르는 인간의 행복과 불행의 90%를 인간관계가 좌우한다고 설파했다. 한마디로 인간관계가 좋으면 살아서 천국이요 인간관계가 나쁘면 살아서 지옥인 것이다.

그렇다면 좋은 인간관계를 갖는 방법은 무엇일까? 전문가들에 따르면 인간관계의 다섯 가지 법칙이라고 해서 먼저 문을 두드려야 한다는 노크의 법칙, 내가 웃어야 상대도 웃는다는 거울의 법칙, 인생은 주고받기라는 상호성의 법칙, 내로남불하지 말라는 로맨스의 법칙, 그래도 나와 잘 맞는 사람과 더 많은 시간을 보내라는 짚신의 법칙 등이 있다. 모두 맞는 말이다. 그러나 좋은 인간관계란 상대로부터 신뢰를 얻는 게 매우 중요하다.

상대로부터 신뢰를 얻기 위해서는 정직하고 공정해야 한다. 더 나아가 상대를 먼저 배려하고, 양보한다면 상대의 마음이 움직이지 않을 수 없고, 상대가 몰라줘도 내 마음이 편하니 그것으로 만족할 수도 있다.

심지어 부처께서는 법구경에 말하기를 '사랑하는 사람도 미워하는 사람도 갖지 말라' 하셨으니, 이는 욕심부리고 집착하지 말라는 이야기일 것이다. 너무 사랑하면 자주 만나지 못해 괴롭고 미워하면 자주 만나 괴로우니 적절하게 관계를 유지하라는 의미일 것이다.

대부분의 인간관계가 파탄에 이르는 것은 상대에게 집착하거나 욕심을 부리기 때문이다. 불교에는 인간의 마음을 근본적으로 어지럽히는 탐진치貪瞋痴가 있다고 한다.

탐진치는 탐내어 그칠 줄 모르는 욕심과 눈 부릅뜨고 화내는 노여움과 분명히 후회할 일을 반복하는 어리석음을 뜻하는데 이러한 번뇌가 중생을 해롭게 하는 것이 마치 독약과 같다고 하여 3독毒이라고 한다. 마음의 평화를 얻는 지름길은 욕심부리지 않으며 화내지 않고 후회할 일을 적게 하는 것이다.

기독교에 십계명이 있듯이 불교에는 6바라밀이 있는데 그중 으뜸은 널리 베푼다는 보시布施바라밀이다. 보시는 무조건 베풀어라, 심지어 베풀었다고 생각도 하지 말라는 가르침이다. 사랑을 받는 사람보다 주는 사람이 더 행복하듯 베푸는 사람이 진짜 행복한 사람이다.

벤자민 프랭클린

탐욕과 행복은 서로 본 적이 없는데,

어떻게 잘 아는 사이란 말인가.

함께하는 공동체의 행복공식

제3장

왜 공동체행복인가?

공동체행복은 왜 중요한가?

　요즘 우리 사회의 화두는 불평등의 양극화 해소다. 그중에서도 경제적 양극화의 해법을 놓고 대립하고 있다. 증세와 감세, 성장과 분배를 놓고 다툰다. 그렇다고 분배론자들이 성장의 필요성을 부정하는 건 아니다. 다만 이기적 사회구조 속에서의 성장은 빈부격차를 심화시킬 뿐이라는 것이다.

　반면에 성장론자들은 일단 부의 규모를 키워야 분배의 여지가 있다는 주장이다. 그런 점에서 미국의 하버드대학교 경제학교수인 갤브레이스 John Kenneth Galbraith가 좋은 사회를 주창하는 것도 경제발전이 지속하고 확장되어야 좋은 사회를 실현할 수 있다는 논리와 맞닿아 있다. 따라서 분배론자든 성장론자든 부자와 빈자들이 더불어 만족할 만한 좋은 사회를 지향한다는 점에서는 동일하나 방법론에서 차이를 보일 따름이다.

'좋다'라는 것이 자칫 자신에게 좋은 게 '옳다'는 의미로 받아들여질 때 이기적인 사회가 되고 만다. 이기적인 사회에서는 오로지 내 이익만 존재한다. 다른 사람이야 굶어 죽든 말든 나와 내 가족만 안전하면 그만이다. 내 이익을 위해서는 수단과 방법을 가리지 않고 권력과 돈을 독차지하고자 한다. 필요에 따라서는 거짓과 조작을 통해서라도 나의 성과를 높이고, 남에 대한 피해는 불가피하다고 여긴다.

그래서 이기적인 사람들이 생각하는 경제성장은 나의 소득과 재산이 늘어나는 것만을 의미한다. 심지어 빈곤은 당사자의 책임이며, 그들의 몫이라고 치부하는 현상도 나타난다.

그러다 보니 이기적인 사회에서 빈부의 격차는 날로 커질 수밖에 없다. 지금 지구상에는 20%에 해당하는 인구가 기아에 허덕이고, 6%의 인구가 부의 약 60%를 점유하는 불공평한 상황이 벌어지고 있다. 그래서 인도의 성자 간디는 '진정한 경제성장이란 가난한 사람들의 형편이 나아지는 것을 의미한다.'고 설파했다.

인간이 꿈꾸는 가장 이상적인 사회는 '정의로운 사회'다. 정의로운 사회는 부의 분배가 도덕적이다. 능력보다 필요에 따라 분배가 이루어지기 때문에 범죄도 없고, 남을 속이기 위해 거짓말을 할 필요도 없다. 그러나 '정의로운 사회'는 현실적으로 불가능하다. 인간은 이상보다는 현실에, 먼 장래 보다는 당장을 선호하는 속성을 지니고 있기 때문이다.

그래서 '좋은 사회'라는 가치를 실현 가능한 대안으로 여긴다. 그런데 '좋다'라는 가치 수준은 가장 낮은 단계이다. 가장 높은 가치 수준을 '옳다'라고 한다면 중간단계는 '합의', 그리고 가장 낮은 가치수준이 '좋다'이다.

우리가 추구하는 사회가 정의로운 사회는 아닐지라도 부자와 빈자가 모두 만족할 만한 중간단계의 '합의된 사회'라도 이루어내야 한다. 그러나 모두가 만족할 만한 사회라는 합의를 이끌어내기 어려운 게 현실이다. 그래서 서로에게 거부감이 없는 '좋은 사회'를 떠올리는 것인지도 모른다.

'좋은 사회'란 모두에게 이익이 되고 합의를 지향하는 사회를 의미한다. 일찍이 경제학자 갤브레이스는 인간중심의 좋은 사회를 주창하면서 "좋은 사회란 모든 구성원에게 기본적인 삶의 조건을 보장하고 나아가 최저 소득계층의 권익을 제도적으로 보호해야 한다."고 주장한다.

그러므로 좋은 사회를 이룩하는 데는 진정한 민주주의 체제를 구축하는 것이 가장 시급한 과제라는 것이다. 진정한 민주주의 체제를 통해서만이 사회적으로 소외된 계층과 그들을 대변하려는 양심적인 사람들의 의지와 영향력이 발휘될 수 있기 때문이다.

진정한 민주주의 체제는 견제와 균형이 가능한 분권 시스템을 갖추고 있느냐가 핵심이다. 권력과 권한의 분산만이 권력의 남용에 따른 인권유린과 부정부패를 저지할 수 있기 때문이다. 특히 분권은 입법, 사법, 행정의 수평적 분권뿐 아니라 중앙정부와 지방정부의 수직적 분권, 그리고 정부와 시민사회의 권한 공유까지를 의미하기에 이를 통틀어 '좋은 사회 good society'라고 규정하고자 한다.

선거 때마다 정치인들은 표를 얻기 위해 소외된 사람들을 대변하겠다고 공약하지만 이를 검증할 능력이 없는 소외계층들은 매번 이용만 당하고 만다. 그런 점에서 소외계층들과 그들을 대변하려는 사람들에게 '좋은 사회'를 실현할 수 있는 후보자를 분별할 수 있는 능력을 길러 주는 것이 과제인 것 같다.

성장이냐 분배냐가 아니라, 진정한 성장은 어려운 이들의 생활이 나아지는 것이라고 규정할 수 있는 정치인이라면 '좋은 사회'를 구축할 능력이 있다고 믿어볼 만하다. 그러나 그러한 과제의 해결은 정부나 시장, 또는 시민사회 어느 한 주체의 노력만으로 이루어지는 것은 아니고 좋은 거버넌스를 구축할 때만이 가능할 것이다.

세상의 그 어느 피조물도 결코 혼자 살 수 없다. 사람은 말할 것도 없고 동식물도 더불어 살아갈 수밖에 없는 운명의 공동체다. 따라서 공동체 생활이 불가피한 상황이라면 그 구성원들은 공동체 생활을 유지하고 발전시키기 위해 서로의 의무와 책임을 다해야 한다. 그렇지 않으면 공동체는 갈등을 빚거나 파괴될 수밖에 없다.

만일 공동체 유지에 대한 부담이 구성원 사이에 공평하게 부과되지 않고 일부에게 부담 지워졌을 때 그걸 소명이나 운명으로 받아들이면 별문제가 되지 않을 수 있다. 그러나 왜 나에게만 무거운 짐이 지워졌냐고 불만을 느끼게 되면 공동체는 걷잡을 수 없는 갈등에 빠지게 되고 불행이 만연하게 된다.

다행히 인간사회는 불공평한 부담을 시정하기 위해 국가라는 조정기구가 존재한다. 그러나 공평해야 할 조정자가 부담을 회피한 특정인에게 우호적으로 기울게 되면 더더욱 공동체 사회는 혼란에 빠지게 되고 불행은 점증하게 마련이다.

마르크스의 국가소멸론에도 불구하고 국가가 건재하는 것은, 국가가 자본축적의 기능보다 정당화의 기능을 수행하려고 노력하고 있다고 믿기 때문이다. 국가가 가끔은 부자들을 위해 유리한 상황을 연출하면서도 서민들을 위해 배려하는 모습에서 전자보다는 후자에 가치를 부여함을 보여주기 때문에 국가를 믿고 대안을 꿈꾸지 않는 것이다.

그러나 국가의 이중적 모습에서 의구심을 떨치지 못하는 사람들이 점차 시장과 정부보다는 시민사회에 신뢰를 보내고 거버넌스 사회, 소위 협치 사회를 염원하는 것은 당연한 일인지도 모른다.

결국 오늘의 공동체가 겪고 있는 불행을 해결하는 방법은 이미 폐기된 기형적 공산주의도, 양극화를 불러온 자본주의도 아닌 새로운 이념을 통해 공동체 의식을 회복하는 길이다. 그래서 본 저서는 공복 사회의 이론적 배경을 좋은 사회이론에서 찾고자 한다.

함께하는 공동체의 행복공식

공동체의 불안한 징후들

인간이 추구하는 최고의 가치는 행복이다. 그러나 오늘을 살아가는 동시대인들은 작게는 가정공동체로부터 크게는 지구공동체에 이르기까지 별로 행복하지 못하다. 대부분의 나라가 과거보다 경제적으로 훨씬 풍족해졌지만, 행복은 증대되지 못했다. 그 이유는 행복을 결정하는 요인에 물질과 더불어 정신적인 것도 크게 작용하기 때문이다.

이러한 맥락에서 새로운 환경변화로 비롯되는 불행의 징후들을 찾아보면 다음과 같다. 경제적 양극화, 저출산, 고령화로 말미암은 저성장사회로의 진입, 위험사회 도래에 따른 도시 안전 문제, 물질지향의 삶의 질 추구에서 사회의 질 추구로의 변화 등이다.

1) 경제적 양극화현상

지금 지구상에는 20%에 해당하는 인구가 기아에 허덕이고, 6%의 인구가 부의 약 60%를 점유하는 불공평한 상황이 벌어지고 있다. 그래서 인도의 성자 간디는 '진정한 경제성장이란 가난한 사람들의 형편이 나아지는 것을 의미한다.'고 설파했다. 그렇다면 한국은 OECD 국가 중에서 경제적으로 얼마나 행복한 나라인가?

물질적 삶의 조건을 기준으로 살펴보면 소득과 자산, 일자리와 근로소득, 주거 등 세 가지 핵심항목으로 나뉘는데 이 기준에 따르면 한국이 상위 20%에 속해 있다. 그런데도 한국인들이 불행하다고 여기는 것은 비물질적인 요인이 영향을 미칠 뿐만 아니라 경제 격차에 대한 불만이 반영된 것으로 볼 수 있다.

현대경제연구원이 매년 2회씩 보고하는 경제적 행복지수에 따르면 경제적으로 가장 행복한 사람에 속하는 그룹은 2014년 말 기준으로 20대, 미혼, 전문직, 여성, 대학원 졸업자인 것으로 나타났다. 반면 경제적으로 가장 불행한 그룹은 40대, 이혼, 자영업, 남성, 대졸자였다.

이처럼 최근 조사 결과의 특이점은 40대, 대졸, 직장 남성의 경제적 몰락이다. 나이 들고 선택지가 좁아질수록 경제적 행복지수가 낮다는 것이 대략적인 결론이다. 그야말로 개천에서 용이 나올 수 없다는 절망감, 흙수저는 금수저로 계급상승이 불가능하다는 한계 등에 대한 현실 인식이 불행감을 안겨주는 것이다.

함께하는 공동체의 행복공식

2) 저성장사회의 도래와 빈곤의 악순환

저출산, 고령화에 따른 저성장사회의 도래는 제로성장사회를 의미하는 것이고 경제적 양극화는 더욱 심화될 것이다. 현재 우리나라 합계 출산율은 2021년 기준으로 0.92명으로, 두 사람이 결합해서 한 명도 출산하지 않기 때문에 인구가 절반 이상으로 줄어가는 셈이다. 더구나 결혼하지 않는 독신자들이 늘어나면서 인구감소는 더 빠르게 진행되고 있다.

어느 통계에 따르면 대한민국의 인구는 5천만 명을 정점으로 꺾이기 시작하는데 100년 이내에 인구가 절반으로 줄 것이라는 전망도 나오고 있다. 거기에다 인구의 고령화는 날로 심화되어 가고 있는데 그 추세가 서구나 일본에서 유례를 찾아볼 수 없을 정도로 가파르게 상승하고 있다.

현재 10% 남짓한 고령화 수준이 2019년에 14%를 넘어서는 고령사회로, 그리고 2026년에 20%가 넘는 초고령사회에 진입한다고 한다. 결국 젊은이들이 부양해야 할 대상이 늘어나면서 젊은 세대의 부부들은 경제적인 이유로 아이 출산을 꺼릴 수밖에 없고 자식에게 부담이 되기 싫은 부모들은 유랑생활을 택할 수밖에 없는 빈곤의 악순환 속에서 경제적 양극화는 심화될 수밖에 없다.

3) 도시의 위험사회 진입과 안전

오늘날 기상이변에 따른 자연재해는 말할 것도 없고 안전에 대한 불감증과 부주의로 인공적인 재해도 빈발하고 있다. 미래학자들은 21세기를 위험사회라고 규정한다. 그만큼 인간 주변에 위험요소가 증대하고 있다는 이야기다. 한국 사회만 들여다봐도 세월호 사건, 메르스사태나 코로나 19 등이 전 국민을 우울하게 만들고 불안에 떨게 만들었다.

이런 사건들로 인해 국내 경기는 침체의 늪에 빠질 뿐만 아니라 국민의 불행지수는 높아지고 있는 실정이다. 이처럼 오늘날 안전은 행복의 매우 중요한 구성요소로서 정부가 국민 행복을 위해 안전하고 안심할 수 있는 환경을 만들어 주어야 할 의무가 있다. 이는 하드웨어뿐만 아니라 소프트웨어, 휴먼웨어까지 전 방위적으로 안전시스템을 구축해 나가야 함을 의미한다.

4) 삶의 질에서 사회의 질로

삶의 질 지표는 경제적 변수의 영향이 너무 커 경제기반이 좋은 나라나 도시가 삶의 질이 높게 나타나는 현상을 보이는데, 실제 국가별 행복지수 순위를 조사해 보면 가난한 나라 사람들이 더 행복하다는 결과에 비추어 물질적 풍요 못지않게 정신적 만족감을 반영하는 지표의 개발이 병행되어야 한다는 지적이 있었다.

따라서 삶의 질 지표와 사회자본 지표의 보완점으로서 유럽연합의 학자들이 적극적으로 주도하여 발전시키고 있는 사회의 질social quality 개념을 활용한 지표를 검토해 볼 수 있다. 사회의 질은 사회경제적 안전성socio-economic security, 사회적 응집성social cohesion, 사회적 포용성social inclusion 사회적 역능성social empowerment으로 정리할 수 있다.

<표 3-1> 사회의 질

구분	내용
사회경제적 안전성	재정자원, 주거와 환경, 환경과 보건, 노동, 교육
사회적 응집성	신뢰, 규범과 가치, 결사체적 참여, 정체성
사회적 포용성	시민권, 노동시장 참여, 공적 · 사적 서비스 혜택, 사회적 접촉
사회적 역능성	지식, 노동시장 내 결사, 개방성과 제도적 지원, 사적 관계

동물세계에서 배우는 공동체행복

철새가 이동할 땐 무리의 우두머리가 맨 앞에서 바람을 가르며 V자字 형으로 편대를 이끈다. 하지만 한 마리의 우두머리가 정해져 있는 게 아니라 무리 전체가 앞자리를 서로 교대하는 것으로 드러났다.

영국 옥스퍼드대학교 동물학과 베른하르트 보엘클 박사 연구진은 2015년 2월 2일 '미 국립과학원회보PNAS' 인터넷판에 발표한 논문에서 '철새들은 V자 편대비행을 할 때 힘이 많이 드는 맨 앞자리에 교대로 나서 전체적인 에너지효율을 유지하는 것으로 나타났다'고 밝혔다.

보엘클 박사는 영국 왕립 수의대 연구진과 함께 중동과 아프리카 북부에 사는 철새인 붉은 볼 따오기의 V자 편대비행에 담긴 비밀을 밝혀냈다. 앞에 나는 새의 날개 끝에는 공기소용돌이가 생긴다. 소용돌이는 뒤로 가면서 상승기류를 만든다. 철새들은 앞선 새가 만드는 상승기류를 효율적으로 이용하기 위해 V자 대형에서는 누군가는 힘이 가장 많이 드는 앞으로 나서야 한다.

자신의 이익만 따지는 동물 세계에 동료를 위해 희생하는 일이 가능할까? 연구진은 붉은 볼 따오기 14마리에 위성위치확인시스템GPS 센서를 장착하고 편대비행 도중 각자 어느 자리에 있었는지 분석했다. 그 결과 따오기는 평균적으로 비행시간의 32% 동안은 다른 새를 뒤따라가며 상승기류를 이용했다. 놀랍게도 각각의 철새가 맨 앞으로 나서는 시간은 동료의 도움을 받는 시간에 비례했다. 즉 철새는 도움을 받은 만큼 되돌려줌으로써 모두가 이득을 보는 길을 택한 것이다.

펭귄의 생존비결도 따오기와 비슷하다. 남극에 사는 황제 펭귄은 눈보라가 치면 수천 마리가 몸을 밀착해 체온을 나눈다. 이때 맨 바깥쪽 펭귄은 무리 한가운데의 펭귄보다 체온 손실이 클 수밖에 없다. 2013년 말 독

일 과학자들은 펭귄무리가 마치 물결치듯 조금씩 움직이면서 바깥에 있는 동료를 안으로 보내고 안쪽 펭귄이 밖으로 나가기를 반복한다는 사실을 밝혀냈다. 자연에는 무임승차가 없다는 말이다조선일보, 2015. 2.3. A10.

그런데 인간사회에서는 찬바람을 맞는 바깥사람들에게 그 고통의 짐을 다 맡겨 놓고 안쪽 사람들은 너무나 당연한 권리인 것처럼 평안과 행복을 마음껏 누리고 자신의 차례를 왜곡해 버린다. 병역을 회피하고 탈세를 밥 먹듯 하며 기득권을 강화해 나간다.

안쪽 사람들은 바깥사람들이 그런 운명을 안고 태어났다고 치부해 버린다. 죽어서나 그 차례가 바뀔지 모를 일이다. 이런 사회를 공평하고 행복한 사회라고 할 수 있을까?

공동체회복과 공동체주의

위에서 살펴본 것처럼 공동체의 불행을 야기하는 원인을 제거하기 위해서는 진정한 공동체를 회복해야 한다. 이를 위해서 공동체주의를 살펴보면 사상적으로 개인주의와 집단주의를 뛰어넘는 제3의 이념이라 할 수 있다. 개인주의가 자유주의에 바탕을 두고 개인의 가치를 중시한 결과 이기적 사회로 전락했다면, 집단주의는 전체주의에 바탕을 두고 집단의 목표와 질서를 강요하는 과정에서 개인의 동기를 배제함으로써 무기력한 사회로 전락했다.

공동체주의는 집단주의와 구별되면서 공동체의 도덕성과 책임감을 강조하는 가운데 더불어 행복한 공생 사회를 지향한다. 공동체 생활의 대표적인 모델을 황제펭귄의 삶에서 발견할 수 있다. 그들은 눈보라가 칠 때 수천 마리가 몸을 밀착해 체온을 유지하는데 바깥쪽 펭귄의 체온손실이

극심하므로 물결치듯 안쪽 펭귄이 바깥쪽으로 임무 교대를 하면서 역할을 공평하게 부담한다. 과연 인간사회는 어떤가? 가진 자에게 완벽한 세상일 뿐이다. 따라서 경쟁에 내몰려 원자화된 삶을 살아가는 우리에게 공동체 감각의 회복이 중요시되고 있다.

동아대학교 허정 교수는 그의 저서인 『공동체의 감각』에서 2000년대 한국문학을 대상으로 공동체의 감각에 대한 문제를 살펴봤다. 여기서는 공동체 사유에 필수적인 공통성과 타인의 차이를 인정하는 단독성의 고민을 집요하게 다루고 있다.

1부에서는 공통성을 유한성이나 취약성과 같이 결핍의 관점에서 논의했다. 박범신의 소설 『나마스테』에서 미등록 이주노동자인 카밀과 미국에서 무적자 신세였던 신우는 신분은 다르지만 서로의 공통성을 확인하면서 소통의 문을 열고 있다. 김려령의 소설 『완득이』에서 난쟁이 아버지와 베트남 어머니 사이에서 태어난 완득이를 통해 우리 사회의 다문화가정에 대한 인식을 살필 수 있도록 하였다.

2부에서는 타인의 고통을 이해하면서 이 고통이 우리에게도 열려 있음을 시사한다. 조해진의 소설 『로기완을 만났다』에서 소설 속 주인공이 '로'를 찾는 과정에서 자신과 주변 인물의 상처를 돌아보고 공통된 폭력과 지배 관계를 인식하고 있다. 『후쿠시마 원전재난 이후의 한국시』는 고리원전, 밀양송전탑 관련 시를 다루며 두 사이에 있는 공통된 정서를 살펴보고 있다.

3부에서는 단독성에 대해 심도 있게 다뤘다. 저자는 전성태의 소설을 분석하며 단독성에 대한 인식을 심화시켰다. 개인 고유의 단독성을 제거하는 집단주의의 폭력과 거기에 예속된 개인의 모습을 비판적으로 성찰

한다. 윤동주의 시가 민족 저항의 시로 머물러 있는 점을 안타깝게 여기며, 집단에서 벗어나 자신의 행위에 책임지는 단독자의 자세에 주목했다.

인종, 국가, 민족, 계층 등 자신을 구분 짓는 틀에서 벗어나 서로가 가진 공통성을 깨닫는다면, 다른 존재와 만나 소통하는 어려움을 극복할 수 있다. 그러나 공통성을 찾기 위해서는 서로의 차이를 인정하는 단독성에 대한 이해가 선행되어야 한다.

타자에 대한 폭력은 타자의 단독성에 대한 인식 부재로 발생하기 때문이다. 이처럼 단독성은 차이를 인정하고 소통을 발생하게 하여 새로운 것을 창조하게 한다. 지금과는 다른 대안적 사유도 모색할 수 있다.

공동체행복의 새로운 공식

1) 새로 쓰는 행복공식

행복에 있어서 물질과 비물질의 균형은 매우 중요하다. 물질이라고 하면 우선 돈, 그리고 돈이 있어야 가능한 것들로 안전, 건강 등이 여기에 해당되고, 비물질이란 무형의 가치들이니 가장 먼저 떠오르는 단어가 사랑, 자존감, 정신적 여유 등이 아닐까 싶다. 이때 균형이란 물질과 비물질 사이의 기계적 평균값을 의미하는 것은 아니다.

사물 사이에 균형이 깨지거나 조화를 이루지 못하면 갈등이 생기고 불행하게 된다. 그렇다고 균형을 이룬다는 것이 꼭 사물 사이의 대등한 관계나 똑같은 분량으로 나누는 것을 의미하지는 않는다.

고대의 건축물 중 빼어나게 아름다운 것들은 황금비율을 자랑한다.

이집트의 피라미드도 황금비율을 보이는데 그 비율은 잘 아는 것처럼 1:1.618, 또는 8:13이다. 이 황금비율을 사람에게 적용했을 때, 돈 많은 부자가 어느 정도의 미덕을 갖추고 있으면 고맙고 아름답게 보일 수 있다.

이상은 높고 현실을 외면하는 것도 아름다운 모습은 아니다. 그렇다고 현실에 매달리며 먼 장래를 내다보지 않는 삶이 답답한 건 매한가지다. 구태여 이상과 현실의 조화를 말한다면 이상은 견지하되 단단한 현실의 바탕 위에서 오늘을 살아가라는 것이다.

신체와 정서의 균형도 매우 중요하다. 신체는 건강한데 정서적으로 불안하거나 불건전하다면 이 또한 비정상으로 보인다. 건전한 신체에 건전한 정신이 깃든다는 옛 말씀을 부정할 수는 없지만, 신체의 건강을 위해 많은 시간을 소비하면서도 정작 자신의 정서를 닦는 데 시간을 할애하지 않는 사람들에게서 교양을 기대할 수 없다. 따라서 사물들 사이의 조화를 이루는 것이 매우 중요하다.

스웨덴식 행복엔 '라곰La Gom'이라는 표현이 있다. '라곰'은 소박하고 균형 잡힌 생활방식을 유지하는 것을 의미한단다. 본래 '라곰'의 어원은 'Laget Om'이라고 해서 구성원 모두를 위해 공용 술잔에 술을 적당히 나눠 먹던 풍습에서 기인했다고 한다.

아무리 혼자 행복해도 공동체가 불안하면 결코 개인의 행복도 존재할 수 없기에 모두를 위해 술잔을 나누는 것이다. 그들에게서 개인의 행복과 공동체의 행복을 조화롭게 꾸려가는 지혜를 발견할 수 있다.

세상사 대부분이 균형과 조화를 추구한다면 세상에 갈등은 존재하지 않을 수 있다. 가진 자와 갖지 못한 자의 갈등도 결국 부의 지나친 불균형에서 야기된다. 열심히 노력한 사람에게 분배가 더 돌아가는 것은 생산성을 높이기 위해 불가피한 선택일 수밖에 없다. 그러나 그 노력마저도 혼자의 힘으로 이룬 것이 아니기에 더 많은 분배를 받은 사람들이 그렇지 못한 사람에게 최소한의 배려를 하는 것이 공생의 지혜인 것이다.

일찍이 『로마인 이야기』로 유명한 시오노 나나미는 "균형감각이란 양극단의 중간지점이 아니라, 양극단을 오고 가면서 최적점을 탐색하는 과정이다."라고 말한 것처럼 누구나 물질의 중요성과 비물질의 값어치를 어느 정도 이해한 입장에서 사람에 따라 나는 물질에 더 비중을 두겠다든지 또는 비물질에 우선순위를 두겠다고 할 수 있는 것이니 그 최적의 선택은 각자에게 맡길 수밖에 없을 것이다. 문제는 서로 다른 가치를 외면하고 편향적으로 물질에만 매몰되거나 비물질에 빠져 있는 것으로 그러한 사람은 진정한 행복을 알지 못하는 사람이라고 평가할 수 있을 것이다.

진정한 행복이란 개인적 만족에 그치지 않고 공동체적 관점에서도 행복하다고 평가할 수 있을 때 가능한 것이다. 아무리 돈이 많아도 자기밖에 모르고 인색하기 짝이 없는 사람은 개인적으로 만족한 돼지로 살 수는 있을지언정 다른 사람들에게 인격적으로 인정을 받지 못하는 한 실패한 인생에 불과하다. 그래서 소크라테스는 '무지는 악덕이다'라고 설파했는지도 모른다.

자기밖에 모르고 비물질의 가치가 얼마나 중요한지를 깨닫지 못하는 무지한 사람은 다른 사람의 어려움이나 사정을 배려할 줄 모르니 그 자체만으로도 공동체에 악덕을 저지르게 되는 것이다. 그러므로 필자는 행복의 공식을 물질건강+안전+비물질사랑+여유의 적절한 조화라 생각하며 균형이 필요하고, 여기서 이를 클로버 네 잎으로 나타내면 다음과 같다.

개인의 행복과 공동체 행복의 공식

위 공식에서 돈의 가치를 중요하게 보지 않은 것은, 얼마나 돈을 가져야 만족할 것인가에 대한 기준도 천차만별이라서 공식에 포함하지 않는게 좋다고 보았기 때문이다. 위 공식을 측정하고자 한다면 개인과 공동체 차원에서 다음과 같은 질문을 던져 볼 수 있을 것이다.

첫째, 건강에 대해서는
귀하의 공동체 구성원들은 건강한가?
귀하의 공동체 구성원들은 비만과 고혈압이 없고 자주 걷는가?
둘째, 안전에 대해서는
귀하의 공동체는 안전하게 관리되고 있는가?

귀하의 공동체는 교통사고, 화재, 범죄, 자연재해로부터 안전한가?

셋째, 사랑에 대해서는

귀하의 공동체 구성원들은 이웃에 대한 사랑이 가득한가?

귀하의 공동체 구성원들은 남을 위해 봉사하려는 자세가 갖추어져 있는가?

넷째, 여유에 대해서는

귀하의 공동체 구성원들은 여가를 잘 즐기는가?

귀하의 공동체 구성원들은 정신적으로 안정되어 있는가?

2) 행복은 건강이 최고다

한국은 OECD 국가 중에서 경제적으로 얼마나 행복한 나라인가? 물질적 삶의 조건을 기준으로 살펴보면 소득과 자산, 일자리와 근로소득, 주거 등 세 가지 핵심항목으로 나뉘는데 이 기준에 따르면 한국이 상위 20%에 속해 있다. 그런데도 한국인들이 불행하다고 여기는 것은 비물질적인 요인이 영향을 미칠 뿐만 아니라 경제 격차에 대한 불만이 반영된 것으로 볼 수 있다.

일반적으로 나이 들고 선택지가 좁아질수록 경제적 행복지수가 낮다는 것이 대략적인 결론이다. 그야말로 개천에서 용이 나올 수 없다는 절망감, 흙수저는 금수저로 계급상승이 불가능하다는 한계 등에 대한 현실 인식이 불행감을 안겨주는 것이다. 이처럼 앞으로 해가 갈수록 경제 상태는 호전되지 않을 것이 예상되기에 비물질에서 행복의 샘을 찾아야 한다. 그런 의미에서 행복은 건강이 최고요 안전이 제일이며 사랑이 으뜸이고 여유가 있으면 금상첨화라 할 것이다.

옛날부터 돈보다 명예보다 더 소중한 게 건강이라고 회자되어 왔다. 그야말로 인생에 있어서 건강이 최고요 행복의 원천이다. 그만큼 건강은 행복과 쌍방향적 관계에 놓여 있다. 건강이 행복에 기여하고 행복이 또한 건강에 기여한다. 우리의 신체적 건강 상태는 우리의 행복 수준에 영향을 미친다. 질병과 상해는 통증과 고통을 초래하고 즐겁고 신나는 활동을 할 수 있는 기회를 빼앗는다. 이런 까닭에 질병은 부정적 정서를 증가시키고 긍정적 정서를 감소시킬 수 있다.

정신 건강도 행복에 강력한 영향을 미친다. 행복한 사람들은 그렇지 않은 사람들보다 더 낮은 수준의 정신질환 현상을 보인다. 대부분 정신장애에서 나타나는 심리적 고통, 부정적 정서, 불안 등이 높아지는 것은 삶의 만족도를 낮추고 개인적 행복감을 부족하게 만든다.

따라서 지방정부는 건강이 모든 지역주민의 관심사가 되고 시민들의 건강을 유지하고 증진하기 위해서 건강 도시 정책을 추진해야 한다. 이러한 추세를 반영하듯 최근 주민센터에서는 스포츠 관련 프로그램들이 크게 인기를 끌고 있다. 특히 유산소운동에 좋은 댄스스포츠라든지 에어로빅, 헬스, 배드민턴, 탁구, 테니스, 수영 등을 통해 신체적 건강을 증진시켜주면 사람은 행복해질 수 있다. 또한, 정신적 건강 증진을 위해 요가, 명상, 심리상담, 자살 예방, 금연, 성격 변화, 스트레스 극복법, 노래 교실 등을 활용하는 것도 여기에 해당한다.

WHO는 '건강 도시란 물리적 환경과 사회적 환경을 지속적으로 개선하고 창출하며, 지역사회의 자원을 증대시켜 개인의 능력을 충분히 발휘하고 잠재능력을 최대한 개발하는 데 사람들이 서로 돕게 할 수 있는 도시'라고 정의를 내렸다. 이러한 정의에 바탕을 두고 지방정부는 모든 지역발전의 방향과 모든 관련된 부문교육, 주택, 공공사업, 의사소통 등에서 건강을 예방하고 증진하는 일에 앞장서야 한다.

이러한 맥락에서 17세기에 존 로크가 교육론에서 강조한 것처럼 지덕체가 아닌 체덕지로 초중등교육 패러다임을 바꾸어야 한다. 어릴 때의 체험이 어른이 되어서도 생활 속에 자리 잡게 만들어야 할 뿐 아니라 신체적, 정신적 건강에 관련된 평생교육 프로그램을 많이 발굴하고 개설해야 한다.

최근 언론 보도에 따르면 대전 시민들은 다른 도시민들에 비해 걷기 실천율이 높은 편이어서 건강한 도시로 평가되었다. 장수 도시 순위에서도 제주 다음으로 오래 사는 것으로 나타났고, 건강 장수 순위도 서울 다음이니 대전은 건강한 도시임에 틀림없는 듯하다.

건강장수순위에서 제주가 꼴찌로 밀린 걸 보면 건강장수의 비결은 음주, 흡연을 줄이고 비만을 저지하기 위해 운동을 얼마나 많이 실천하느냐에 달린 것 같다. 더 쉽고 더 좋은 것은 걸으며 사유하는 생활습관이리라 본다.

2008년부터 대전에서 시작된 '지역사회 건강조사'는 주민의 건강 수준에 관한 지역 통계를 생산하는 국내 유일의 조사이다. 이 통계에 따르면 흡연율은 계속 감소하고 있는데 음주율은 약간 올라가는 추세여서 건강과 음주운전의 위험성에 대한 경각심을 갖지 않을 수 없는 상황이다. 그

나마 운동 및 신체활동 실천율이 매년 나아지고 있어 건강 도시를 지속시키고 있는 셈이다. 특히 운동 중에서도 가장 손쉽고 효과가 높은 걷기 실천율은 다른 도시보다 높게 나타나 있어 이게 건강 도시의 비결이 아닌가 싶다.

그렇다면 단독주택에 사는 주민과 아파트 주민을 비교할 때 어느 누가 더 많이 걷고 활동할까? 신체적 활동은 단독에 사는 분이 더 많을 테고 걷기환경이 좋은 아파트 주민이 더 많이 걸을 것 같다. 공동주택이 70%를 차지하는 도시상황에서 아파트 주민들이 걷기운동이라도 열심히 하지 않으면 도시의 건강지수가 낮아질 게 뻔하다.

아파트 주민은 누워 있는 시간을 빼고 서 있거나 걷는 게 건강한 삶의 지름길이라는 사실을 명심해야 한다.

3) 행복은 안전이 제일이다

2017년 11월 15일 오후 2시 포항에서 진도 5.4의 지진이 일어나 포항 시민들이 공포감에 빠졌다. 전국에서 지진을 감지할 정도였으니 포항시민들의 공포는 어떠했을까 짐작이 가고도 남는다. 이제 한반도도 지진으로부터 안전하지 않다는 사실을 체험하면서 일본사람들의 지진 대응훈련이 남의 일이 아니라는 생각이 든다. 어쨌든 행복에 있어서 건강이 최고라면 안전은 제일이라고 말할 수 있다.

안전하지 않고는 나의 생명과 재산을 지킬 수 없기 때문이다. 물론 안전을 지켜주는 것은 국가나 지방자치단체에 일부 책임이 있다고 하나 자신의 안전은 자신이 챙길 수밖에 없다. 따라서 자신을 둘러싼 주변의 불안전 요소를 미리 파악하고 이를 해결하기 위한 대책을 세우기 위해서는 안전에 대한 지식과 기술을 어느 정도는 갖추고 있어야 한다.

우리가 소방훈련을 하거나 민방위 교육을 받는 것도 위기상황에서 대처능력을 길러주기 위한 것이다. 최근에는 기상이변으로 야기되어지는 자연재해와 문명의 발달에 기인한 인공적 재해 등이 빈발하는 상황에서 이를 예방하기 위한 실천적 노력과 더불어 생활 안전 점검 매뉴얼을 작성해 두는 것도 매우 바람직할 것이다.

예를 들어 평생교육 프로그램 중에 생활 안전에 관한 점검 매뉴얼을 작성하는 과정을 개설하여 생활 안전의 유형, 사고사례, 대응 방법 등을 교육한 다음 수강생들이 직접 자신의 가정과 직장에서의 안전을 점검할 수 있는 체크 리스트를 만들어 보게 하는 것은 매우 유익한 일이다. 더 나아가서 자녀를 위해 학교 안전에 관한 체크 리스트, 그리고 이웃들을 보살피기 위해 경로당을 비롯한 사회복지시설의 안전점검 매뉴얼을 작성하는 과정들이 있다면 지역주민들의 행복감은 크게 향상될 것이다.

최근 비약적인 도시 성장과 고령화 사회의 진입과 더불어 해결해야 할 사회문제로서 방재·범죄·안전디자인에 대한 시민 요구가 증가하고 있다. 이러한 급격한 도시환경변화에 대응하여 시민이 편안하고 안전하게 살 수 있는 도시환경을 필요로 하고 있다.

지방정부는 휴먼웨어 측면에서 안전의식을 제고할 수 있는 교육과 문화향상에 앞장서고 소프트웨어 측면에서 안전관련 제도나 시스템을 정비하고 건축물의 범죄 예방설계CPTED와 같은 디자인요소의 접목을 통해 예방을 강화하는 한편, 하드웨어 측면에서 안전 관련 시설과 장비를 현대화시켜 나가야 한다. 그러나 잊지 말아야 할 것은, 몇 년 전 일본 고베에서 발생한 지진이 주는 교훈 하나로 주민의 공동체 의식이 매우 중요하다는 사실이다.

공동체 의식이 형성된 지역과 그렇지 않은 지역 사이에 분명한 차이점이 존재했는데 공동체 의식이 형성된 지역은 주민들이 재빠르게 복구방안에 대한 합의를 이루고 토지수용에 적극적으로 참여하여 원래 상태로 복구가 잘 이루어졌다고 한다.

4) 행복은 사랑이 으뜸이다

성공한 사람들의 특징은 주변 사람과 사랑을 잘 나누는 사람들이었다는 연구 결과들이 많이 나와 있다. 영국의 철학자 버트란트 러셀도 인생을 살면서 바친 세 가지 열정이 다름 아닌 사랑과 지식, 그리고 연민이었다고 한다. 사랑과 지식은 나를 천국으로 이끌었고 연민은 나를 다시 땅으로 돌아오게 했다고 한다.

물론 연민도 크게 보면 사랑의 범주에 속한다. 흔히 사랑의 종류에는 네 가지가 있다고 한다. 남녀 간의 에로스적 사랑, 무조건적인 희생을 뜻하는 아가페적 사랑, 가족 간의 스토르게 사랑, 그리고 진실한 우정을 뜻하는 필리아 등이 그렇다. 그 사랑이 무엇이든 사람이 기쁨을 떠올리게 하는 건 마찬가지이다.

사랑하는 연인 때문에 하루가 즐겁고, 사랑하는 부모님을 떠올리면 힘이 나고, 사랑하는 친구를 생각하면 피로가 풀리는 게 사랑의 묘약 덕분이라. 그러나 사랑에도 순서가 있다. 먼저 나를 사랑할 줄 알아야 너와 우리를 모두 사랑할 수 있다. 그럴 때 자신의 자존감을 키우는 것이 매우 중요하다. 자존감을 키우는 방법은 이 우주의 마지막 존재는 '나'라는 인식으로 자존감을 높이는 방법이 가장 효과적이다. 나 자신이 얼마나 소중한 존재인가를 깨닫는 순간 나와 더불어 살아가는 모든 생명체도 소중한 존재라는 것을 인식하게 될 수 있다.

세상은 혼자 살아갈 수 없고 더불어 살아가야 한다는 것을 아는 것이 영성을 깨닫는 것이다. 세상은 유기체적 관계에 놓여 있어 다른 사람은 물론 자연과도 따로 떼어 생각할 수 없다. 다른 사람이나 자연이 아프면 나도 아프게 마련이다.

그런 의미에서 미국에서 베스트셀러 작가로 유명한 스펜서 존슨 Spencer Johnson의『행복』에서 제시한 행복 찾기는 시사하는 바가 크다. 존슨은 행복의 길을 "나, 너, 우리 속에서 찾아내고 있는데 내가 행복하기 위해서라도 이웃이 행복해야 하고 그를 위해 나를 내놓아야 한다."고 하였다.

예를 들어 동네 치안을 위해 자율방범대를 운영하게 되면 경찰을 덜 뽑고도 동네 치안을 확보할 수 있다. 이렇듯 시민들이 모든 분야에서 자신의 재능을 기부하고 자원봉사에 참여한다면 지방정부의 재정지출을 줄일 수 있을 뿐 아니라 공동체의식의 회복으로 더불어 살아가는 따뜻한 사회를 만들어 갈 수 있다. 더구나 자원봉사가 활성화되면 시민의 행정참여와 행정이해에도 크게 도움이 된다.

미국의 미네소타 의과대학의 연구 결과에서도 나온 것처럼 자원봉사를 열심히 하는 사람과 그렇지 않은 사람을 비교해 보면 자원봉사 그룹이 더 오래 산다는 결과가 도출되어 있다.

이처럼 내가 살고 있는 지역을 사랑하고 지역을 위해 봉사하면서 주변 사람들과 좋은 관계를 맺는 것이 행복의 지름길이다. 어떤 사람은 사랑을 받으면서도 사랑받는 줄 모르는 사람이 있다. 사랑을 아낌없이 나누어 주고 나도 사랑받는 사람이 되자!

5) 행복은 여유에서 나온다

필자는 위에서 행복을 결정하는 세 가지 요소에 관해 글을 썼다. 건강이 최고요 안전이 제일이며 사랑이 으뜸이라는 글들을 기억하고 있을지 모르겠다. 마지막 변수는 여유가 있으면 금상첨화라는 말을 더해 주고 싶다. 여유는 돈이 있어야 가능하다고도 할 수 있지만, 정신적인 여유도 매우 중요하다.

일찍이 한국을 다녀간 독일의 행복학교 교장 슈베르트는 "행복이란 자존감과 안전, 그리고 여유"라고 인터뷰를 했던 기억이 새롭다. 이때 슈베르트 교장은 경제적 여유와 정신적 여유를 동시에 갖추어야 한다고 주문한다. 그러나 두 가지 요소를 다 갖추지 못하는 게 일반서민들의 삶이다.

특히 경제가 어려워질수록 사람들은 경제의 가치를 최우선으로 삼는다. 세상을 살아가는 인간은 나름의 도리를 다하고 가치 있는 일을 추구하는 데에서 동물과 구별되는 것인데 심지어 어떤 가치 있는 일이나 이념보다 더 중요한 것이 경제라고 생각할 정도이다. 오죽하면 새해 인사로 "부자 되세요!" 라는 말이 유행했을까 싶다.

부자라는 말이 매우 천박하다고 여기면서도 내심으로 모두 부자 되는 게 진짜 꿈일 것이다. 그래서 세종대왕 때 재상을 지낸 분은 "백성의 교화보다 더 중요한 것이 먹고 사는 문제를 해결해 주는 것이다."라고 할 정도였다. 그러나 모두가 경제적으로 여유를 갖기엔 쉽지 않은 게 현실이다.

요즘같이 경제침체가 지속되고, 취업난이 심각한 상황에서 돈에 쪼들리는 사람들이 점차 늘어나고 있다. 그러다 보니 돈의 위력이 오늘처럼 막강했던 적도 없었던 것 같다. 이처럼 물질이 전부인 것처럼 여겨지게 된 것은 한때의 고도경제 성장이 낳은 부작용일 것이다.

60년대만 해도 주변 사람들이 거의 못살았기에 물질보다는 유대감들이 매우 중요한 변수였고 정신적인 여유도 있었다. 그런데 갑자기 돈을 버는 사람들이 주변에서 늘어 가다 보니 상대적 박탈감과 더불어 모두 경쟁의 장으로 뛰어들게 되면서 모든 가치의 기준은 돈이 되어 버린 것이다.

돈만 있으면 모든 것이 해결될 것처럼 물질만능주의에 빠져 버리고 그게 현실이기도 하다. 오죽하면 유전무죄라는 말이 일반화됐을까. 그러나 돈을 많이 가진 이들이 모두 행복한지는 속살을 들여다보아야 한다. 대부분의 부자는 돈의 노예가 되어 있게 마련이다. 더구나 쉽게 부를 물려받은 자녀들이 사회적 책임 의식을 갖기는커녕 정상적인 사회생활마저 힘든 것을 언론을 통해 목도하고 있지 않은가?

물론 너무 돈이 없어도 꿈을 지탱하기 힘들다. 어느 정도를 가져야 만족할지는 각자의 몫이지만 꿈을 지탱할 만하면 돈의 노예가 되어서는 안 된다. 가끔은 인생의 뒤를 돌아보고 앞으로의 멋진 인생을 설계해 가는 정신적 여유를 가져야 한다. 덴마크사람들의 휘게편안함, 따뜻함, 아늑함, 안락함을 뜻하는 덴마크어처럼 가정의 소중함을 느끼는 가운데 가족 간의 유대감이 커지면 행복은 바로 당신 옆에 와 있을 것이다.

> ### 빌 게이츠
>
> 항상 좋아하는 일을 할 수 있는 것이 행복이며,
> 좋아하는 일을 하면 성공은 자연스럽게 따라올 것이다.

함께하는 공동체의 행복공식

제4장

행복한 공동체를 찾아

행복한 나라

1) 덴마크

덴마크는 북유럽에 있는 스웨덴과 노르웨이 남쪽 및 페로 제도, 그린란드에 위치한 왕국이다. 문화적인 면에서 일반적으로 스칸디나비아반도의 노르웨이, 스웨덴과 함께 묶이고 여기에 핀란드까지 포함되는 경우가 많다.

현재 영토는 43,098㎢로 북유럽의 네 국가 중 가장 작지만, 과거에는 덴마크가 칼마르 동맹의 종주국으로서 이들 네 국가를 지배했다. 국기도 북유럽 국가 공통의 치우친 십자기를 쓰는데, 이 치우친 십자 국기의 원조가 덴마크로 한때 덴마크의 지배를 받았던 북유럽 국가들이 덴마크의 영향을 받아 비슷한 국기를 쓰게 된 것이다.

함께하는 공동체의 행복공식

덴마크의 수도 코펜하겐

덴마크의 소득 배분은 매우 평등하지만, 자산보유를 기준으로 하면 상위 20%가 전체 부의 99%를 점유하고 있어, 세계에서 가장 빈부격차가 큰 국가 중 하나다. 연간 소득이 $7,000 이상을 넘기면서부터 최저 세율이 40%고, 최고 세율도 연간 소득이 $53,000 이상부터 시작하기 때문에 자산을 모으기 어렵다.

OECD TAX 데이터 베이스에 따르면, 덴마크는 OECD 국가 중에서 세금을 가장 많이 거두는 국가로 나타났다. 고소득자든 저소득자든 가리지 않아서 무자녀 1인 가구 기준으로 평균 유효 세율을 보면, 평균 소득의 67%, 100%, 167%에 해당하는 가구의 평균 세율은 각각 33%, 35%, 42%로, 다른 국가는 물론이고 같은 북유럽 국가보다도 압도적이다. 고소득자 세율의 경우에도 56.5%로 세계 최고 수준이다. 그러나 다양한 복지

정책으로 서민들의 기본적인 삶을 보장해 주기 때문에 큰 문제없이 돌아가고 있다.

덴마크 사회는 강력한 복지 체제와 소득분배기준으로 세계에서 가장 평등한 국가 중 하나로 잘 알려졌지만 자산보유 수준으로는 빈부격차가 큰 편이다. 덴마크의 복지는 진보적인 과세 체제를 통해 가능해진 것으로, 바로 소득이 높을수록 더 많은 세금을 내는 제도를 도입한 것이다. 이러한 체제는 모든 덴마크인에게 사회 보장, 의료 혜택, 교육에 대한 동등한 접근성을 보장하고 있다.

덴마크의 또 다른 독특한 특징은 바로 노동 유연성flexibility과 고용 보장security이 합쳐진 플렉시큐리티flexicurity제도이다. 플렉시큐리티는 직업 간의 이동성이 높고 실직할 경우에도 경제적으로 안정적이며 재취업을 돕는 여러 제도가 마련된 덴마크의 노동 모델을 나타낸다. 더 나아가, 덴마크 사회는 일과 삶의 균형work-life balance으로 정의될 수 있다. 많은 덴마크인은 일보다 가족과 친구들과 함께하기 위해 휴식을 취하는 것을 우선으로 삼고 있다.

북유럽에는 '얀테의 법칙'이라는 게 있다. 얀테의 법칙은 간단히 말해 '내가 대체 뭐라고?'라는 태도를 바탕으로 한다. 자기 분수를 잘 알고 자만하지 말아야 하며, 성공에만 목매는 일은 다소 천박하다고 여기는 생각이다.

이러한 얀테의 법칙과 삶에 대한 낮은 기대 덕에 덴마크 사람은 다른 나라 사람보다 실망과 실패를 잘 견디는 것 같다. 언제든지 부정적인 결과를 마주할 심리적 준비가 갖춰졌으니 말이다. 어쩌면 덴마크 사람은 일종의 스토아 철학자처럼 살아간다고 할 수 있겠다. 우리는 역경에 대처하기 위해 모든 일이 얼마든지 잘못될 수 있다고 상상한다. 심리학에서는 이런 전략을 '방어적 비판주의'라고 부른다. 고난과 실망스러운 결과에 대비하기 위해 미리 최악의 상황을 상상하는 것이다. 이러한 방어적 비판주의는 대체로 우리의 불안을 줄여준다.

부자나라 덴마크의 행복 비결을 탐구한 오연호는 "덴마크 행복의 키워드는 자유, 안정, 평등, 신뢰, 이웃, 환경이었다."고 밝히고 있다. 오연호는 UN의 행복지수조사에서 수년 동안 연속 세계 1위를 차지한 덴마크의 비결이 궁금했다고 한다. 덴마크에서 행복한 학교, 행복한 일터, 행복한 사회가 어떻게 가능했는지를 규명하는 과정에서 덴마크의 행복사회는 저절로 이루어진 것이 아니라는 걸 깨달았다고 한다.

1864년 덴마크는 독일에 패해 온 국민이 무기력과 절망, 불신에 빠져 있던 시절이 있었다. 그때 국토의 1/3, 인구의 2/5를 잃었었던 것이다. 그러나 덴마크 국민은 포기하지 않고 희망의 씨앗을 뿌렸고 오늘날 그 열매를 누리고 있는 것이다.

행복지수 세계 1위의 나라가 되기까지 150년을 투자한 셈이다. 그 시작을 '깨어 있는 시민'에서 찾고 있다. 그들은 참인생교육을 위한 학교를 만들어 어떤 인생을 살 것인지, 어떤 사회를 만들지를 묻고 해답을 찾아 나섰다.

'나'의 행복과 함께 '우리'의 행복을 가꿔 나간 것이다. 자유는 반드시 책임이 뒤따름을 알고, 안정된 사회를 건설하면서 누구나 평등하므로 상대를 존중하는 정신, 그리고 사회와 정부가 믿음을 주고 이웃을 배려하고 쾌적한 환경을 가꾸어 나가는 지구시민의식이 오늘의 행복한 덴마크를 만들어 준 것이다.

> ### 배우 잉그리드 버그만
>
> 대부분의 사람이 행복할 때,
> 더 행복해지려고 하기 때문에 불행하다.

2) 부탄

부탄은 인도와 중국 사이에 낀 남아시아의 작은 산악 국가로, 면적은 38,816km²이며, 인구는 약 81만 명2018년이 살고 있으며. 수도는 팀푸 Thimphu다. 북쪽의 히말라야 산맥을 경계로 중국령 티베트 자치구와 접해 있다.

대외적으로 알려진 부탄Bhutan이라는 국명은 산스크리트어로 "티베트의 끝"이란 뜻인 "보따-안따भोट-अन्त"에서 나온 것으로 추정된다. 종교는 티베트 불교가 대다수이며 네팔계 주민은 힌두교도 믿는다.

상대적으로 국민소득이 $3,000뿐이 안되면서도 세상에서 가장 행복한 나라, 부탄은 문화, 정신건강, 연대감, 공동체 의식이 행복의 비결이

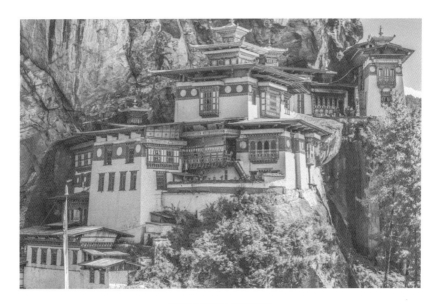

부탄의 호랑이 둥지 사원

라고 자랑한다. 부탄은 히말라야산맥에 위치한 인구 70만 명의 작은 나라로 경작 가능한 토지가 전체 국토의 7.8%에 불과하다. 그런데도 부탄은 2011년 신경제재단NEF이 조사한 국가별 행복지수 조사에서 1위를 차지했다.

이 조사는 국민이 삶에 만족과 안정감을 느끼고 있는지, 또 정부는 국민의 행복을 위해 정책을 잘 시행하고 있는지를 다각적으로 평가했다. 부탄 국민 100명 중 97명이 '행복하다'고 대답했다. 반면 한국은 국가별 행복지수에서 세계 143개국 가운데 68위에 그쳤다.

최근 OECD가 발표한 국민행복지수 결과에서도 한국은 OECD 34개국 중 27위에 머물렀다. 최근 한국을 방문한 부탄의 행복 전도사 지그메 틴레이Jigme Thinley 전 총리는 국민총행복GNH, Gross National Happiness을 기준으로 나라살림을 해야 한다고 강조한 인물로 유명하다.

국민총행복은 1972년에 지그메 싱기에 왕추크 당시 부탄 국왕이 처음 제안한 개념이다. 물질을 의미하는 국민총생산GDP보다 국민들이 느끼는 행복을 국가발전의 기준으로 삼아야 한다는 뜻이다.

2008년에 만들어진 GNH지수는 경제, 문화, 환경, 정부 등 4개 항목과 심리적 복지, 건강, 문화, 시간 사용 등 9개 영역을 각각 72개 척도에 따라 평가해 수치화하는 행복측정 공식이다.

GNH는 공동체 활력 부문에선 기부, 안전, 소속감에 대한 신뢰를, 심리적 웰빙 부문에서는 삶의 만족도와 영성, 시간 이용 부문은 하루 근로시간, 수면시간 등을 조사한다. 부탄은 GNH를 도입한 후 문화적 다양성을 존중하고 자연과 공존하고 정부가 안전망을 제공하고 교육의 기회를 균등하게 제공하는 쪽으로 정책 방향을 맞추고 있다.

행복하기 위해서는 적극적인 사고와 조화가 필요하다고 강조한다. 일과 휴식, 직장과 가족, 개발과 자연의 공존을 도모해야 한다는 것이다.

예를 들어 편리성을 위해 도로를 개설하려 하다가도 히말라야산을 파괴할 것 같으면 개발을 멈추는 식이다. 지속가능한 가치가 중요하다고 여기기 때문이다. 당장은 불편해 보이지만 장기적으로 봤을 땐 더 큰 행복을 가져다주기 때문이다.

3) 코스타리카

코스타리카는 중앙아메리카에 위치한, 북쪽에는 니카라과, 남쪽으로

함께하는 공동체의 행복공식

는 파나마와 국경을 접하고 있는 국가로 스페인어로 '풍요롭고 아름다운 해변'이라는 뜻을 지니고 있다. 면적은 51,100㎢이며, 인구는 현재 400만여 명에 이른다. 다른 중남미 국가와 달리 주민의 80% 이상이 백인인 국가인데 원래부터 아메리카 원주민 수가 적었기 때문에 노동력을 착취할 만한 인구가 드물었으며, 그마저도 학살과 전염병으로 인구가 급격히 감소해 혼혈이 드물다.

코스타리카의 수도 산호세

코스타리카는 지구 행복지수 1위 국가다. 1930년대 국가회계제도를 설계한 사이먼 구즈네츠의 "국가의 복지는 소득으로 측정되기 힘들다."라는 말을 인용해 닉 마크스는 사람의 행복만이 아닌 지구의 행복을 측정해야 그 나라 국민들이 얼마나 행복하고 건강한 삶을 살아가고 있는지 알 수 있다고 주장하였다. 그는 신경제재단과 함께 지구 행복지수Happy Planet Index라는 측정지수를 개발했다.

예를 들어 미국을 포함한 서구국가들은 오랫동안 경제적 풍요로움을 누리며 살아가고 있지만. 그 나라 국민의 대다수가 행복하다고 느끼지 못하는 이유는 무엇일까?

우리가 착각하는 것 중의 하나는 많이 가질수록 행복하다는 것이다. 그러나 전 세계를 돌아 다녀본 사회학자들이 만나는 사람들에게 항상 같은 질문으로 "당신은 무엇을 가장 원하십니까?"라고 물어보면 대부분의 사람은 '행복'이라고 답하더라는 것이다.

돈이 아니고 사랑과 행복이었다는 것이다. 이런 철학에서 탄생한 것이 바로 지구행복지수이다. 지구행복지수는 기대수명 중에서 그 지역에서 행복하게 살아 갈 수 있는 년수를 나타내는 지수다.

기존에 있던 행복지수와 다른 점이 있다면 행복지수는 각 나라별 행복의 정도를 단순히 측정한 것이라면 지구 행복지수는 행복지수를 측정해 결과적으로 평균에 해당하는 지수로 모든 국가를 끌어 올리도록 노력해야 함을 뜻하는 지수다. 지구 행복지수는 다음과 같은 공식으로 구성되어 있다.

$$HPI = EF/HLY+3.35 \times 6.42$$

이 공식에서 HLYHappy Life Year는 얼마나 오랫동안 일반 시민들이 행복하게 그 시대, 그 국가에 살고 있는지를 측정하는 추정치이다. 통상 기대수명에 삶의 즐거움을 곱하는 방식으로 계산한다.

EFEcological Footprint는 환경 발자국을 뜻하는데 우리가 살아가면서 에너지생산에 필요한 토지, 혹은 쓰레기 처리를 위해 사용된 토지 등의 면적을 나타낸다. 단위는 gha글로벌 핵타아르이다. 이렇게 측정하는 지구 행복지수가 필요한 이유는 전 세계의 지속가능한 개발을 위해서는 분명 지금과는 다른 개발 경로를 찾아야 할 필요가 있음을 보여주는 것이기 때문이다. 이처럼 지구 행복지수에 의해 측정된 행복지수가 높은 나라들은 대부분 삶의 질이 높다는 것으로 나타났는데 선진국이 아닌 남미나 아프리카 지역 국가들이었다.

이는 국가의 자본력과 경제 성장지수가 행복도를 높일 거라는 기존의 편견을 바꾸는 계기를 만들어 준다. 다시 말해서 행복지수가 낮은 국가는 대부분이 많은 자원을 이용하고 있다는 공통점이 있다. 황폐하고 삭막한 나라라는 이미지가 강한 사하라사막 이남의 아프리카 국가들은 대부분 기대수명이 40세에 불과하고 말라리아, 에이즈 등으로 인한 사망률이 높은 편에 속하지만, 행복지수만 보면 이들은 결코 불행하게 사는 것이 아닌 셈이다.

특히 전 세계적으로 적은 자원을 사용하는 것으로 유명한 라틴아메리카 지역은 자원을 별로 쓰지 않으면서도 행복하게 사는 국가로 나왔다는 점에서 지구 행복지수가 시사하는 바를 알아차릴 수 있을 것이다.

이미 언급한 지구 행복지수 1위 국가 코스타리카는 중남미 국가 중에서 민주주의가 가장 잘 정착되어 있고 정치가 안정된 입헌공화국으로 세계에서 최초로 헌법에 의해 군대를 폐지했었다.

세계 평균의 1/4의 자원만을 사용하면서 현재 국가에서 사용하는 에너지의 99%가 재활용이 가능한 자원으로 생산하고 있는 친환경국가이다.

전 세계가 전쟁의 소용돌이로 병들어 가던 1949년 군대를 철수하고 건강과 교육, 사회교육에 투자를 집중했다. 이런 사회적 분위기를 바탕으로 국가의 지역별 사회적 유대감도 매우 높은 것으로 나타났다.

지구행복지수를 보면 지구의 자원을 덜 쓰고 환경을 파괴하지 않는 삶을 살아가는 나라가 행복하다는 것을 단적으로 보여 준다. 닉 앤더슨은 지구행복지수를 높일 수 있는 방법으로 우리에게 다음과 같은 실천 행동을 준수할 것을 당부한다.

첫째, 활동적이 되어라.

현실에 안주하며 나 이외에 다른 일에는 관심을 두지 않는 삶은 무기력함만을 안겨 줄 뿐이라는 것이다. 활동적인 인생은 자기발전이라는 결과이외에도 세상에는 많은 일이 있고 생각보다 내가 할 수 있는 일이 많다는 것을 알 수 있게 해준다.

함께하는 공동체의 행복공식

둘째, 주변에 주의를 기울여라.

사람들에게 관심을 기울이는 인지적인 행동 자세, 날씨의 변화, 계절의 변화, 내가 살아가는 지구가 주는 이로움에 관심을 가져야만 지구도 행복해지는 날이 올 수 있음을 말하는 것이다.

셋째, 주어라.

너그러움과 이타심을 바탕으로 다른 사람들에게 베풀고 나누는 삶은 더불어 잘사는 가장 쉬운 방법이라는 것이다.

넷째, 항상 배워라.

지식 그 자체를 얻는다는 것이 아니라 항상 호기심을 갖고 평생에 걸쳐 지식을 탐구하는 자세를 견지하라는 것이다.

이런 삶이 우리가 더욱 건강한 삶을 이끌어 가는 자세라는 것이다. 이러한 네 가지 실천 행동은 지구를 소모하지 않고 친환경적인 행동실천이자 개개인의 행복을 담보하는 투자이다.

행복한 도시와 마을

1) 일본 후쿠이

2015년 하반기부터 시작된 후쿠이에 대한 일본 사회의 폭발적인 관심은 후쿠이현이 행복도 1위, 초·중생 학력 1위, 노동자세대 실수입 1위, 대졸 취업률 1위 등 세계 최고, 일본 제일의 실적을 차지했기 때문이다. 후쿠이현이 알려지게 된 것은 후지요시 마사하루가 쓴 책『이토록 멋진 마을원제: 후쿠이 모델福井モデル』에 힘입은 것이었다.

후쿠이는 인구 79만 명의 작은 지자체로, 이 책은 후쿠이가 일구어낸 기적 같은 자력갱생 생존모델을 탐구한 심층 리포트이다. 지속가능한 공동체에 대해 오랫동안 탐색해 온 저자는 독보적인 발전과 진화를 이끌어 온 후쿠이의 역사와 일상, 행정과 경제, 독특한 교육 방식, 토착민과 외지

함께하는 공동체의 행복공식

인, 노인과 젊은 세대가 어울려 만들어내는 21세기형 도시 생태계에 이르기까지, 그곳에서 만난 사람들의 입을 빌려 생생하고 명쾌한 목소리로 들려준다.

후쿠이현 종합 그린센터

그렇다면 왜 후쿠이였을까? 중앙에서 가장 멀리 떨어진 변방, 대도시 사람들에게는 이름조차 생소한 곳이었다. 하지만 벌써 오래전부터 후쿠이현은 객관적인 모든 지표에서 대도시를 압도하는 마을이었다. 노동자 세대 실수입에서 도쿄를 여유 있게 제치며 1위를 유지하는 곳. 초중학교 학력평가 1위, 맞벌이 비율 1위, 정규직 사원 비율 1위, 대졸 취업률 1위, 인구 10만 명당 서점 숫자 1위이며 노인과 아동 빈곤율 및 실업률은 가장 낮은 마을. 행복도 평가에서 10년 넘게 부동의 1위를 달리는 지역이다.

비결이 뭘까? 저자 후지요시는 후쿠이 발전의 비법과 원동력을 찾아 취재 여행을 떠났다. 도쿄에서 후쿠이와 도야마, 오사카와 교토를 거쳐 다시 후쿠이현으로 이어지는 2년간의 여정이었다. 이를 통해 후지요시는 교육과 일상, 경제가 유기적인 그물망을 만들어내는 후쿠이만의 생존모델을 발견해 낸다.

후지요시가 세계 3대 안경 산지인 후쿠이현 사바에시를 처음 찾았을 때 안경회관에서 만난 젊은 기업인은 의외의 말을 했다. "이곳은…, 일본에서 가장 빨리 중국에 당한 곳입니다."

안경 산업뿐 아니다. 섬유와 칠기를 비롯해 후쿠이현이 자랑하는 제조업 대다수는 우리가 흔히 사양산업이라고 부르는 직종이었다. 그래서 후쿠이의 제조업은 위축되고 붕괴하는 상황일까? 아니다. 끊임없는 소재 혁명과 사업 확장을 통해 '사양 산업판 실리콘밸리'를 만들어내고 있다.

가령 2000년 시드니 올림픽 마라톤 금메달리스트 다카하시 나오코가 신어 유명해진 스포츠 슈즈가 있다. 신축성이 좋아 일명 '다카하시 나오코 모델'이라 불리며 매년 전 세계에서 500만 켤레 이상 판매되는 이 스포츠 슈즈의 갑피는 후쿠이현의 핫타테아미라는 직물회사가 개발한 더블 라셀 메시를 사용한다. 의류 산업이 정체에 빠진 후 이 회사는 소재 혁명을 통해 신발과 의료용품 등 신사업 분야를 개척, 승승장구하고 있다.

후쿠이 기업들의 이러한 기술혁신 밑바탕에는 이 지역 후쿠이대학교와 후쿠이공업전문학교가 기업체와 손잡고 진행하는 공동개발이 있다. 수십 년간 한 우물을 파온 장인들과 IT에 능한 젊은 인재들이 머리를 맞대고 끊임없이 새로운 사업모델을 발굴하는 것이다. 지금 후쿠이에는 세계

1위 제품 및 기술이 14개, 일본 내 1위가 51개나 있다. 게다가 이들 모두는 중소기업이다.

후쿠이현이 이처럼 놀라운 성장을 하게 된 비밀을 보면 다음과 같다.

첫째, 토착민과 외지인이 얽혀 만들어내는 독창적 에너지

흔히 지방은 도시보다 배타적이다. 하지만 후쿠이와 도야마로 대표되는 호쿠리쿠 지역은 다르다. 도마야현에 있는 항구도시 이와세는 세계 각지에서 찾아오는 관광객들로 북적이는 마을이다. 한때 길고양이와 전단지, 주정뱅이들만 즐비했던 이와세가 탈바꿈을 시작한 건 한 외지인에 의해서였다.

바다와 하늘과 시간이 남아도는 이곳의 헌 창고를 개조해 덴카도라는 명품점을 낸 사람은 수입제품 판매상 시케마쓰 히데카즈였다. 여기에 마스다주조점에서 3대째 가업을 계승한 마스다 류이치로가 이와세 만들기에 동참했다.

빈 집을 사들여 전통디자인을 적용한 복구 작업을 하는 과정에서 행정이 합류하고 지역민이 적극 가세했다. 이렇게 해서 버려졌던 이와세는 단번에 역사적 풍취 가득한 마을로 변신했다.

후쿠이현으로 이사와 생각지도 않던 인생을 살게 된 여성도 있다. 의료제품 생산업체 미디어 사장 야마모토 노리코이다. 간호사로 일하다 결혼 후 전업주부가 된 야마모토는 2000년 남편의 본가가 있는 사바에로 이사한 후 맞벌이가 상식으로 통하는 이 동네 분위기에 따라 의료현장에 복귀했다.

병원에서 환부를 고정하는 외과용 테이프가 자주 바닥에 떨어져 먼지가 묻는 것을 보며 아쉬워하던 그녀는 어느 날 화장품가게 부인에게 그

이야기를 들려주었다. 그날 이후 모든 게 일사천리로 진행되었다. 부인의 남편이 나서고 상공회의소와 인큐베이션 매니저가 도와 의료용 외과 테이프 커터 '기루루きるる'가 뚝딱 만들어졌다.

평범한 가정주부에서 일본 중소기업청의 후원 아래 세계 각지를 돌며 강연하는 사업가로 변신한 야마모토는 말한다. "이곳으로 이사한 후 제 인생은 완전히 바뀌었습니다. 달려갈 수 있는 거리에 열정 넘치는 사람들이 숱하고, '대금은 천천히 줘도 좋아'라고 여유 부리면서도 일은 무척이나 빨랐습니다. 이곳에는 모든 것이 갖춰져 있습니다."라고 말했다. 무언가 하고 싶은 사람들에게 후쿠이는 지역 전체가 인큐베이터인 셈이다.

둘째, 정책에 역행한 후쿠이의 자발 교육

그러면 왜 이런 풍토가 후쿠이에서 자생한 것일까? 이 지역의 약진 배경에는 중앙정부의 방침에 역행하는 후쿠이만의 교육 방식이 있다고 저자는 말한다. 초중학교 학력평가 및 체력평가에서 항상 1등을 차지하는 후쿠이현에는 전국 각지의 교사들이 시찰을 온다. 그들이 묻는 것은 딱 한 가지다. "왜 시험에서 항상 1등입니까?" 명쾌하게 들려줄 해답은 없다. 단지 주입식으로 진행되어온 일본의 교육방침을 따르지 않은 후쿠이만의 교육 시스템이 있을 뿐이다.

오래전부터 후쿠이는 '10년 앞을 내다본 수업'을 교육의 기초로 삼아 학습지도 요령을 독자적으로 구축해 왔다. 지식을 습득하는 대신 생각하는 법을 가르치는 교실, 사고 과정을 가시화해 자기 생각이 어떻게 바뀌어 어떤 결론에 도달했는가를 자신의 말로 써내도록 하는 수업. 한마디로 바뀐 세상에 맞게 생각하고 문제를 해결해가는 능력을 키워주는 자발 교육이다.

함께하는 공동체의 행복공식

셋째, 패배의 역사가 만들어낸 후쿠이의 혁신

2년여에 걸친 취재 과정에서 후지요시가 만난 후쿠이 사람들은 부지런한 데다 평생 현역이고, 여성이 사회에 나가 일하는 것을 당연하게 생각했다. 마을 전체가 나서 육아를 하고, 일상 자체가 학교 역할을 했다. 끈끈한 향토애로 뭉쳐 있지만, 외지인이 쉽사리 스며들기 쉬운 관용의 풍토가 널리 퍼져 있었다.

오랜 기간의 빈곤과 실패의 역사를 간직한 지역, 첩첩 산으로 둘러싸여 믿을 것은 사람밖에 없었던 마을. 살아남기 위해 열심히 배우고 지혜로워질 수밖에 없었던 후쿠이는 지금 일본을 넘어 세계 여러 나라가 부러워하는 지속가능한 공동체의 모델로 각광받고 있다.

2) 영국 슬라우 마을

오늘 우리 사회의 화두는 단연 행복이라는 단어다. 행복한 나라, 국민행복 시대를 열겠다는 중앙정부로부터 시민을 행복하게, 함께 행복한 유성 등 각 지자체의 슬로건도 예외 없이 행복을 노래하고 있다. 그래서 정부 부처들은 앞 다투어 행복마을 만들기, 살기 좋은 공동체 프로젝트와 같은 공모사업을 벌이고 있기도 하다. 벤치마킹을 위해 행복한 마을로 알려진 영국의 슬라우마을을 소개하고자 한다.

슬라우는 영국 잉글랜드 버크셔주에 있다. 제2차 세계대전 후 영연방국가들로부터 이민자들이 들어왔고 21세기 들어 대대적인 도심 재개발이 진행됐다. 경제의 기반이 제조업에서 정보산업 위주로 변화했으며 편리한 교통 덕분 등으로 글로벌 기업들의 본사가 많은 지역이다.

제2차 세계대전 후 영연방 국가들로부터 이민자들이 들어왔고 21세기 들어 대대적인 도심 재개발이 진행됐다. 경제의 기반이 제조업에서 정보 산업 위주로 변화했으며 편리한 교통 덕분 등으로 글로벌 기업들의 본사가 많은 지역이다.

영국의 작은 도시 슬라우

영국의 작은 도시 슬라우에서 심리학자, 경영 컨설턴트, 사회사업가 등 여섯 명의 행복 전문가로 이뤄진 행복위원회가 '행복의 근원'을 찾는다는 목적으로 3개월에 걸쳐 사회 실험을 진행했다고 한다. 그들은 '행복학'이라는 현대 학문이 공리공론에 그치지 않고 어떻게 하면 현대인들에게 현실적인 도움을 줄 수 있을까 고민했다고 한다. 이 이색적인 실험의 전 과정은 영국 BBC방송에 의해 다큐멘터리로 방영돼 큰 화제를 불러일으켰다.

행복위원회는 고대 플라톤의 행복론에서부터 현대의 긍정심리학에 이르는 인류의 행복 지식을 총망라해 열 가지 행복수칙을 만들었다고 한다. 그리고 '슬라우' 주민들에게 그것을 따르도록 했다. 그 결과는 대성공이었다.

이 프로젝트는 처음에 회의적인 태도를 보이던 주민들의 생각까지도 180도로 바꾸어 놨다고 한다. 남녀노소 국적 및 인종을 불문하고 행복 헌장은 주민들의 행복감을 증진시키는 데 탁월한 효과를 나타냈다. 3개월간의 행복 프로젝트가 끝나자 주민들은 "삶이 흥미진진해졌다."며 흥분을 감추지 못했고, 주민들의 행복지수는 평균 33% 상승했다.

다음은 슬라우 마을의 행복 10계명이다.

① 운동을 하라. 일주일에 3회, 30분씩이면 충분하다.

② 잠들기 전 좋았던 일들을 떠올려라 : 당신이 감사해야 할 일 5가지를 생각해라

③ 대화를 나누어라 : 온전히 1시간은 가족이나 친한 친구들과 대화를 나누어라

④ 애완동물이나 식물을 가꾸어라 : 아주 작은 화분 또는 동물이라도 좋다

⑤ TV 시청 시간을 반으로 줄여라

⑥ 미소를 지어라 : 적어도 하루에 한 번은 낯선 사람들에게도 미소를 짓거나 인사를 해라

⑦ 친구에게 전화하라 : 오랫동안 소원했던 친구나 지인들에게 지금 당장 연락하라.

⑧ 하루에 한 번씩 유쾌하게 웃어라 : 웃음은 행복의 묘약이다.

⑨ 매일 자신에게 작은 선물을 하라 : 자신의 선물을 온전히 즐길 수 있는 시간을 확보하라

⑩ 매일 누군가에게 친절을 베풀어라

한때 우울했던 슬라우 마을에 행복 10계명을 일상화하면서 기적과 같은 일이 일어났는데 우리도 한번 실천해 볼 만하다.

헤르만 헤세

행복을 추구하는 한 너는
행복할 만큼 성숙해 있지 않다
가장 사랑스런 것들이 모두 너의 것일지라도

잃어버린 것을 애석해하고
목표를 가지고 초조해하는 한
평화가 어떤 것인지 너는 모른다.

모든 소망을 단념하고
목표와 욕망도 잊어버리고
행복을 입 밖에 내지 않을 때

그때 비로소 세상일의 물결은
네 마음을 괴롭히지 않고
너의 영혼은 마침내 평화를 찾는다.

함께하는 공동체의 행복공식

제5장

행복한 공동체를 이끌 이념

인간에게 이데올로기란 무엇인가?

이데올로기는 개인들이 갖고 있는 가치관, 또는 신념의 집합체다. 인간은 현실보다 더 높은 이상을 추구하고 그 이상을 달성시켜 줄 방향성, 즉 가치를 추구하는 존재다. 그래서 인간의 역사를 돌이켜보면 빵만 갖고 살 수 없는 인간들이 이데올로기를 위해 목숨을 내놓은 사례가 허다하다. 지금도 어떤 사람들은 자신의 신념을 지키기 위해 자신의 목숨과 신념을 바꾸기도 한다.

물론 이럴 때 사회과학자와 자연과학자의 신념에 대한 태도를 비교하기도 한다. 자연과학자는 결코 신념을 위해 목숨을 버리지 않는다. 자연과학자들의 생각에 신념은 바뀔 수 있는 것이기에 목숨을 버리는 일은 매우 어리석은 행동이라고 여겨진다.

일찍이 지동설을 주장했던 철학자 브루노는 지동설의 신념을 지키기 위해 목숨을 내놓지만, 갈릴레이는 막상 재판정에서 지동설을 부인했었다. 그것은 지동설을 위해 구태여 목숨을 내놓기보다는 더 진전된 연구를 통해 입증해 보이면 된다는 생각에서였다. 그러나 이 생각이라는 것도 어찌 보면 신념과 다를 바 없다.

그러므로 인간은 이데올로기를 추구하는 존재라는 사실에서 자유로울 수 없을 듯하다. 1960년에 이데올로기의 종언을 고했던 다니엘 벨Daniel Bell은 "이데올로기란 사상을 사회적인 목적 달성의 수단으로 전환시킨 것이다. 이데올로기에 힘을 주는 것은 바로 정열이다. 추상적이고 철학적인 탐구는 항상 정열을 배제하고자 노력하며 모든 사상을 합리화하려고 애쓴다."고 설명하였다.

이런 이데올로기의 전형적인 예를 공산주의에서 찾는다. 그들은 사상을 단순화시키고 실천적 진리에 대한 헌신을 요구한다. 그래서 공산주의자들은 이데올로기를 통해 민중을 봉기시킬 수 있다고 믿는다. 그렇게 보면 공산주의뿐만 아니라 철학적 탐구에 바탕을 두었던 성리학도 하나의 이데올로기로서 조선을 개창하고 관인국가왕권과 신권이 균형 잡힌 나라의 이상을 실현하기 위해 백성을 유교적 규범 안에 가둔 측면에서는 크게 다를 바 없다.

조선조 말에 동학사상이 민중을 봉기시킨 것 또한 이데올로기에 불과하다. 그런데도 아이러니하게도 벨이 이데올로기의 종언을 고했던 50~60년대에 자본주의와 공산주의의 경쟁은 극에 달했다. 한국전쟁이 그랬고 베트남전쟁이 그러했다. 그런 점에서 벨이 이야기하는 이데올로기의 종언은, 사회주의와 같은 교조적인 이데올로기의 종언을 주장한 것이지 결코 이데올로기 자체의 종언을 주장한 것은 아니라는 점을 알 필요가 있다.

오늘날 공산주의가 몰락하고 자본주의와 신자유주의가 성가를 올리는 가운데서도 자본주의의 폐해에 대한 반작용으로 제3의 길을 모색하는 움직임이 두드러져 가고 있는 것은 새로운 이데올로기에 목말라하고 있는 전조다. 벨이 이데올로기의 종언을 이야기한 것도 더 이상 유토피아의 청사진을 믿을 사람도, 국가가 시장에 대해 어떤 역할도 수행하지 않을 거라고 믿는 고전적 자본주의도 거의 존재하지 않는다고 보았기 때문이었다. 오히려 공산주의자들이 자본주의 시장의 논리를 채용하는가 하면 자본주의사회는 공산주의의 계획경제를 차용하는 혼합경제사회에 진입해 있다고 말해도 지나친 표현이 아닌 것이다.

이때 혼합 경제체제란 모든 것을 시장에 맡기자는 것이 아니라 국가가 시장에 개입하여 시장의 공정성을 확보하고 공공부문 사업이나 경제정책을 통해 국가 경제를 공정하게 관리하는 것을 뜻한다. 경제적 관점에서 자본주의가 공산주의의 평등이념을 부분적으로 수용하면서 빈곤계층을 비롯한 사회적 약자를 국가가 보호하는 복지국가 개념이 확산되기 시작했다.

이러한 맥락에서 정치적으로도 개인의 자유를 중시하는 민주주의나 집단의 가치를 우선시하는 사회주의를 넘어 획일적인 이념이나 체제를 강요하지 않는 다원적인 정치체제가 대두되었다. 이러한 맥락에서 공동체주의가 민주주의와 사회주의, 더 나아가서는 자본주의와 공산주의를 아우를 수 있는 대안적 이데올로기가 될 수 있는가가 우리의 과제가 아닐 수 없다.

공동체주의 이전의 시대 상황

공동체주의라는 말이 본격적으로 사용되기 시작한 것은 1980년대 중반기부터였다. 80년대에는 이데올로기의 지형에도 몇 가지 중요한 변혁이 일어났다.

1930년대에서 40년대까지는 국가주의와 자유주의 사이의 싸움이 정점을 이루었던 시대였다. 한편에서는 국가가 모든 것을 해결해 줄 수 있고 그렇게 해야 한다고 믿었으며, 국가의 절대적 존재에 대한 개인의 귀속이야말로 가치있는 사회로 나아갈 수 있는 불가피한 방안이라는 주장이 팽배했는데, 이러한 성격을 대표하는 것이 바로 파시즘이다.

국가주의에 맞섰던 자유주의는 개개인의 존재성을 절대시했기 때문에 국가는 개인들의 삶과 존재를 확보하기 위한 하나의 효과적인 도구라는 반론을 제기했다. 이 두 세력 사이의 대립은 결국 제2차 대전에 의해 판가름 났다. 그 결과 국가주의는 패배했고, 자유주의는 승리를 전유할 수 있었다.

1950년대부터 1960년대까지는 국가주의, 즉 파시즘이 사라진 공터를 공산주의와 자본주의가 서로 차지하기 위해 치열하게 투쟁했던 기간이었다. 공산주의는 사적 소유를 인간 소외의 기본 원인으로 규정했으며, 공유만이 인간 해방의 유일한 방안이라고 주장했다. 반면에 자본주의자들은 자본주의야말로 가장 자연스러운 인간 사회의 발전 과정이며, 보다 인간적이고 미래 지향적이라고 주장했다.

공산주의와 자본주의 사이의 이데올로기 경쟁은 냉전 체제로 표현되었으며, 이로 인해 동서양 체제의 대결구조가 다른 모든 요소를 규제하게 되었다. 정치로부터 문화에 이르기까지 모든 것이 이데올로기에 의해 재단됨으로써 이데올로기가 만능인 시대가 되고 말았다. 마치 국가나 사회, 심지어는 사람까지도 이데올로기를 위해 생존하는 것처럼 여겨질 정도가 되었다.

1970년대로 접어들면서 이데올로기 지형에도 몇 가지 중요한 변화가 일어나게 되었다. 그 하나는 마르크스주의 진영 내의 변화였다. 이른바 구조주의적 마르크스주의가 등장하게 되자 국가 자율성론이 대두했다. 즉, 마르크스주의에서는 국가란 단지 자본가 집단의 계급 이익을 확보하기 위한 부르주아지들의 한 집행 위원회에 불과하다고 규정했는데, 이것에 대한 수정적 반론이 제기된 것이다.

국가는 부르주아지만의 도구가 아니며, 경제적 토대에 기인한 그것의 상부 구조적 결과물도 아니라는 것이다. 오히려 국가는 그 나름의 자율성을 갖는다는 주장이 제기된 것이다. 이러한 논의는 그 뒤 신좌파 등장의 이론적 기반이 되었으며, 소련 중심의 국가사회주의에 대해서도 강한 충격으로 작용했다.

이 시기에 나타났던 이데올로기적 분화 현상은 자본주의 진영에서도 마찬가지였다. 포디즘적 생산 양식만으로는 불균등한 가치 배분을 시정할 수 없을 뿐만 아니라 불균등한 계급 구조를 더욱 고착시키게 되기 때문에 더 자본주의의 미래를 기대할 수 없다는 인식이 퍼져나가게 되었다.

이러한 시대적 영향은 70년대로부터 80년대로 넘어서면서 이데올로기에 대한 맹신 관념에 변화를 보여주게 되었다. 즉 공산주의나 자본주의 같은 특정 이데올로기를 위해 자신의 삶을 던지는 식의 이데올로기 지상주의가 점차 설 땅을 잃어버리게 된 것이다.

소련에서도 공산주의로는 더 체제를 지탱할 수 없다는 인식이 퍼져가고 있었다. 자본주의 종주국인 미국에서도 예전과 같은 자본주의적 생산 양식만으로는 이른바 '미국 시대의 종언'에 직면하게 될 것이라는 말이 나돌기 시작했다.

이러한 시대적 성격은 드디어 1989년에 베를린 장벽 붕괴로 나타나게 되었다. 베를린 장벽은 동서 이데올로기의 갈등의 산물인 동시에 파시즘에 대한 응징의 상징물이었다. 그런데 그것이 무너져 버린 것이다. 그것은 곧 공산주의의 완전 패배를 의미한다. 그렇다고 해서 자본주의가 절대적 승리를 거둔 것은 아니고, 그 체제적 우월성과 정당성 때문에 그런 것도 아니었다. 그보다는 공산주의의 비적실성과 비효율성이 더 사람들의 욕구와 인간화를 충족시켜 줄 수 없다는 현실 때문이었다.

현재에 와서 이데올로기는 이전보다 그 위력이 약화되었는데, 이러한 성격을 더욱 강화한 것이 바로 글로벌리즘이었다. 글로벌리즘은 어느 면에서는 새로운 이데올로기처럼 행세하게 되었다.

현재는 국경 없는 경제, 제약 없는 커뮤니케이션, 여권 없는 노동의 자유 이동이 이루어지는 새로운 시대가 되자 이데올로기에 매몰된 삶을 더 이상 받아들이지 못하게 되었다.

마치 이데올로기 시대가 종언된 것 같은 상황을 맞게 되었다. 그래서 미국의 어느 문필가는 이러한 상황을 역사의 종언이라고 공공연히 말하기도 했고, 또 다른 문명 비평가는 이데올로기를 대신해서 종교적 가치에 기반을 둔 문명의 충돌이 불가피할 것이라고 주장하기도 했다.

베를린 장벽

함께하는 공동체의 행복공식

제3의 길, 시장 사회주의, 그리고 신자유주의

공산주의가 붕괴된 이후에는 자본주의도 그 어느 때보다 심하게 불완전성을 드러내기 시작했다. 20세기를 넘어서면서부터 자본주의 진영과 공산주의 진영은 모두 새로운 대응 논리를 모색하지 않을 수 없었다.

달라진 시대에 대응할 수 있는 논리의 정립이야말로 하나의 필연적인 지적 과제였다. 특히 좌파 진영에서는 그들의 존립을 위해서도 새로운 이데올로기의 모색이 절실했다. 영국을 비롯한 유럽 좌파 정당에서 이것에 대한 하나의 응답으로 등장한 것이 제3의 길이었다.

제3의 길은 지금까지 좌파가 주장해 온 급진 논리나 과격한 변혁 정책만으로는 더 시대적 적실성을 가질 수 없다는 점을 솔직히 시인하였다. 그들은 좌파가 믿었던 경제주의적 논리, 즉 마르크스주의를 그대로 수용하면서도 현실적 필요에 따라 우파의 보수 정책까지도 받아들이는 접합 논리를 제시했다.

마치 좌파와 우파의 중간 논리처럼, 또는 변증법적 통합 논리인 것처럼 제3의 길은 그렇게 표현하려 했다. 그러나 그것은 실제로는 한낱 지적 차용일 뿐이었다. 바로 이 점에서 제3의 길은 좌파가 살아남기 위해 우파 정책을 부분적으로 차용한 것에 불과했으며, 이론과 정책 사이의 간격을 보여줄 수밖에 없었다.

공산주의 진영의 또 다른 대응 논리는 중국에서 나타났다. 중국의 공산주의는 처음부터 소련과는 달랐다. 중국 공산주의는 민족주의적 성격을 그 속에 담고 있었던 민족 공산주의라고 할 수 있다.

중국은 일찍부터 공산주의 이론 체계의 범세계적 단일 논리를 거부했으며, 중국에 적실성 있는 공산주의를 추구했다. 그러므로 소련 공산주의의 붕괴와 동유럽 공산주의의 몰락을 바라보면서, 특히 중국 내부에서는 공산주의 경제 발전론의 한계를 확인한 후 중국의 경제 발전을 위해 이른바 '고양이론'을 주장하였다. 그것은 검은 고양이건 흰 고양이건 간에 고양이는 쥐만 잡으면 된다는 식의 논리였다.

경제 발전을 이룩하기 위해서는 과감하게 새 체제를 받아들여야 하는데, 설사 그것이 자본주의적인 것이라도 좋다는 생각이었다. 그러나 이 경우에도 정치만은 공산주의 체제를 그대로 지속해야 한다는 단서가 붙었는데, 이것이 이른바 시장 사회주의 체제라는 기이한 형태의 등장이었다.

중국은 시장 사회주의 체제, 즉 경제만큼은 자본주의적 시장 논리를 받아들인 후 사적 소유와 경쟁성을 통해 경제 발전을 추구하려 했다. 그러나 정치에서는 여전히 공산주의의 지속을 목적으로 삼았다. 중국 공산당의 일당 지배체제를 강화하면서 이른바 중국 인민의 혁명적 평등을 실현하기 위한 중국 공산당의 복무를 절대적인 과제로 재천명했다.

중국은 공산당에 대한 도전은 철저히 분쇄되어야 한다고 결의했는데, 천안문 대학살 사건은 이러한 관점에서 자행될 수 있었다. 그러나 한 가지 분명한 사실은, 시장 사회주의가 주장하는 정치와 경제의 이분적 성격은 그 속에 결코 어울릴 수 없는 갈등적 성격을 갖고 있기 때문에 중국 사회의 체제 변화까지도 예견할 수 있게 된다.

좌파 진영의 이러한 대응 논리와 마찬가지로 우파 진영, 즉 자본주의 체제도 미국을 비롯한 여러 나라에서 자기 개혁을 보여주었다. 그것이 바로 신자유주의였다. 신자유주의는 어느 면에서는 가장 본질적인 자본주의로의 지향이었다. 그것은 지금까지 자본주의가 국가에 의해 상당한 제약을 받았기 때문에 정상적인 자본주의로 발전할 수 없었다는 전제에서 출발하였다.

자본주의의 가장 중요한 상징체계이자 기구인 시장에다 모든 것을 맡기자는 것이 그 핵심 논리였다. 그것은 시장을 중심으로 수요와 공급이 자연스럽게 그리고 합리적으로 이루어질 수 있어야만 비로소 자본주의도 효과적으로 발전할 수 있을 것이라는 믿음의 표현이었다.

신자유주의는 1980년대 들어 영국의 대처 정부에 의해 추진되었다. 그것은 국가 공기업 기관들을 사유화하는 데 초점을 두었으며, 국가에 지나친 부담을 안겨 주었던 복지 정책을 대대적으로 삭감하는 것이었다. 즉,

모든 것을 시장에 맡겨 문자 그대로 자유 경쟁의 시장 원칙을 확립하자는 것이었다. 대처의 이 정책은 빈사 상태에 놓여 있었던 영국을 회생의 길로 접어들게 했다.

그 후 영국에서는 다시 생산성이 높아졌을 뿐 아니라 대외 경쟁성도 좋아졌다. 대처의 이 방식은 곧장 미국으로 흘러 들어갔다. 그러나 신자유주의의 지나친 경쟁과 효율의 추구는 협동을 파괴하고 형평성을 도외시하는 부작용을 낳고 말았다.

경쟁에서 한번 밀린 패배자는 부활할 수 없는 나락으로 떨어졌고, 효율의 이면에서 소외되고 가진 것 하나 없는 빈곤층은 좌절과 절망의 늪에서 헤어 나오기 어렵게 되었다. 승자독식의 신자유주의 아래에서 패자는 더 희망이 없는 삶을 영위하다 보니 전체사회의 활력은 날로 떨어질 수밖에 없게 되었다. 그래서 자본주의 4.0이라고 하는 따뜻한 자본주의를 노래하고 있는지도 모른다.

함께하는 공동체의 행복공식

새로운 대안으로서 공동체주의

집단주의에 기초를 둔 공산주의도 몰락하고 개인주의에 바탕을 둔 자본주의도 미래가 보이지 않는 상황에서 공동체주의가 논의되는 건 너무 당연한 일인지도 모른다. 여기에서 집단주의와 공동체주의 차이는 분명하다.

집단주의에서 개인은 집단의 가치와 규범에 매몰되게 되어 있지만, 공동체주의는 개인의 가치를 보존하면서 공동체의 이익을 더불어 도모한다는 사실이다.

이러한 관점에서 개인주의는 이기주의로 변질이 가능하며 집단주의는 전체주의로 전화되기 쉽다. 따라서 개인주의의 원자화된 삶과 전체주의의 숨 막히는 동일성을 넘어서는 공동체, 즉 차이를 훼손하지 않는 공동체를 만들기 위해서는 어떻게 해야 할까?

양극단을 넘어서서 진정한 의미의 공동체성을 회복하기 위한 구체적인 방법으로는 어떤 것들이 있을까? 앞에서도 언급되었던 동아대 허정 교수는 『공통성과 단독성』이라는 책을 통해 공동체성 회복의 키워드로 공통성과 단독성을 제시하고 있다.

먼저 공통성을 설명하면서 이는 동일성과 다른 것이라고 규정하면서 공통성은 예전의 공동체형성의 기준이었던 동일성처럼 동일한 기준을 공유한 것들을 하나로 묶어내는 것이 아니라, 차이 나는 것들이 서로 만나는 과정에서 사후적으로 확인되는 것이라는 것이다. 다시 말하면 비슷한 것들의 가까움이 아니라 낯선 것의 가까움에 해당한다는 것이다. 이러한 맥락에서 공통성은 소통의 문제이고 동일성보다는 오히려 단독성과 관련이 깊다. 그동안 지나치게 높이 평가되어 온 주체를 비판하고, 이에서 벗어나려는 과정에서 공통성이 획득되는 것이며, 또 자기동일성에서 벗어나, 자기 바깥의 타자와의 관계 속에서 함께 무언가를 나눌 수 있도록 하는 게 바로 공통성이라는 것이다.

이때 단독성은 타자를 존중하는 윤리적 자세와도 이어진다고 보이는데, 타자에 대한 폭력 이면에는 타자의 단독성에 대한 인식의 부재가 자리하기 때문이므로 단독성의 인식은 타자와의 대면에 있어 꼭 필요한 덕목이라는 것이다.

단독성과 관련해서는 집단주의에 환원되지 않는 단독성과 소통의 관계를 살펴보는 게 매우 중요하다.

함께하는 공동체의 행복공식

인간 공통의 것을 수용하는 방법은 우리를 둘러싸고 있는 시스템이나 지배와 종속의 관계, 인간 실존의 양태 등에서 찾을 수 있는데 우리는 지배와 권력의 관계에 맞서 싸울 수 있는 보다 강한 위치에 서기 위해서 단독성의 인식이 중요하다는 것이다.

이러한 맥락에서 단독성은 관계의 문제라고 보이는데 공동체 회복을 위해서는 공통성을 확보하기 위해 진정한 소통이 필요하고 단독성이 혼자에 그치지 않기 위해 진실한 관계 맺기가 매우 필요하다고 보인다.

개체의 속성을 훼손하지 않으면서 관계를 형성하고자 하는 공동체에 대한 열망을 지속할 때 공동체주의는 제3의 대안으로서 자리를 잡게 될 것이다.

서양의 공동체행복이념 1
: 공리주의

공리주의는 공리성을 가치 판단의 기준으로 하는 사상이다. 어떤 행위의 옳고 고름은 그 행위가 인간의 이익과 행복을 늘리는 데 얼마나 기여하는가 하는 유용성과 결과에 따라 결정된다고 보고 있다. 넓은 의미에서 공리주의는 행복 등의 쾌락에 최대의 가치를 두는 철학·사상적 경향을 말하고 있다. 고유한 의미에서의 공리주의는 19세기 영국에서 벤담, 제임스 밀, 존 스튜어트 밀 등을 중심으로 전개된 사상이다.

공리주의는 쾌락의 계략 가능성을 주장한 벤담의 '양적 공리주의'와 쾌락의 질적 차이를 주장한 밀의 '질적 공리주의'로 나뉜다. 벤담은 공리주의 사상의 핵심 원리들을 체계화하여 공리주의를 대표하는 사상가가 되었다.

쾌락을 추구하고 고통을 피하려는 인간의 자연성에 따라 행동하는 것

함께하는 공동체의 행복공식

이 개인, 사회에도 최대의 행복을 가져다준다고 보았다. 쾌락의 질적인 차이를 인정하지 않고 계량 가능한 것으로 파악했다. 최대 다수의 최대 행복을 도덕과 입법의 원리로 제시하였다. 반면 제임스 밀은 쾌락의 질적인 차이를 주장하며 벤담의 사상을 조금 수정하였다.

인간이 동물적인 본성 이상의 능력을 갖추고 있으므로 질적으로 높고 고상한 쾌락을 추구한다고 보았다. '만족한 돼지가 되는 것보다는 불만족한 인간이 좋고, 만족한 바보보다는 불만족한 소크라테스'라는 것이다. 법률에 의한 정치적 제재를 중시한 벤담과는 달리 양심의 내부적인 제재로서 인간이 가지는 인류애를 중시하였다.

서양의 공동체행복이념 2
: 정의론

한국인들이 불행하다고 느끼는 가장 큰 이유는 한국사회가 불공평하다는 인식 때문이다. 그래서 문재인대통령은 취임사에서 기회가 평등하고 절차가 공정하며 결과가 정의로운 나라를 만들겠다고 약속했다.

우리 사회가 불공평하다고 느끼고 있는 국민들은 문대통령의 취임사에 크게 공감하며 비록 정치적 수사에 불과할지라도 그 방향성에 큰 박수를 보내고 있다. 정의로운 사회는 누구나 꿈꾸는 우리 모두의 이상이다. 심지어 총칼로 정권을 잡은 전두환 전대통령도 '정의사회구현'을 국정 제1과제로 삼았을 정도이니 얼마나 많은 사람들이 정의에 목말라있는가를 잘 나타내주고 있다. 그렇다면 정의가 힘인가 아니면 힘이 정의인가? 참으로 오래된 논쟁거리이지만 지금도 이 논쟁은 끝이 안 보인다.

어떤 사건이 사필귀정으로 결론 나는 걸 보면 정의가 힘인 것 같기도

하고 다른 사건의 경우, 악한 사람이 잘 먹고 잘사는 걸 보면 힘이 정의 인 것 같기도 하고 헷갈리는 게 현실이다. 이럴 때 정말 신은 존재하는가 에 대해 회의에 빠지기도 한다. 너무 빠른 결론 같지만 정의도 힘이고 힘 도 정의다. 다시 말하면 힘이 뒷받침되지 않은 정의는 뜬구름에 불과하 다. 그렇다고 정의가 뒷받침되지 않은 힘은 언젠가 폭력으로 변질되게 마 련이다.

어쨌든 정의에 대한 '힘 vs 도덕', '권력 vs 철학'의 논쟁은 오랜 역사를 지니고 있는데 정치철학자 김만권의 '호모 저스티스─불의의 시대에 필요 한 정의의 계보학'에서 잘 정리하고 있다.

우리 사회에서는 정의를 '올바름'으로 이해하는 편이다. 이는 서양의 저스티스justice라는 개념을 동양에서 받아들였을 때 유학의 관점에서 '인 간이 마땅히 행해야 할 올바른 도리'를 의미하는 정의로 번역한 때문 일 것이다. 그러다 보니 정의란 실제 현장과는 거리가 먼 관념적 상태에 머 물러 있게 마련이고 늘 목말라하는 이상에 불과했던 것이다. 어찌 보면 인간세상에서는 영원히 실현될 수 없는 가치로 남아 있게 되는 것이다. 바로 이런 점이 동양에서 아니 한국사회에서 정의에 대해 회의하고 혼란 을 느꼈던 이유가 아니었나 싶다. 그런 점에서 정의를 힘과 도덕 사이의 역학관계로 파악하는 서양에서는 정의가 살아 있는 실체이며 쟁취해야 할 대상인 것이다. 이처럼 정의를 힘과 도덕의 역학관계 속에서 파악할 때 정의는 작동되고 그 실체를 파악할 수 있다. 실제 우리가 마주하는 정 의의 실체가 무엇이든 그것은 힘과 도덕이 서로 대결을 벌이며 형성되어 온 유동적 결과물이기 때문이다.

어느 시대, 어느 사회나 정의에 대한 갈증은 있어왔다. 사람과 사람 사 이에는 늘 권력과 분배와 평등의 문제가 갈등의 중심에 서있게 마련이었

고 오늘도 크게 다를 바 없다. 누가 더 갖느냐 아니면 누가 더 양보하느냐
의 문제로 다투고 타협하는 가운데 사회는 그럭저럭 굴러 온 셈이다.

물론 타협이 불발되면 갈등과 전쟁이 벌어지고 거기에서 수많은 희생
자가 나오게 되는 구조였다. 역사적으로는 그리스의 투키디테스 시대부
터 이 갈등이 표면화되었으며 현재까지도 정의의 문제는 전 지구적으로
해결의 기미가 별로 보이지 않는다.

김만권은 정의의 계보학에서 첫째, 인류최초로 인간 본성을 기초로 역
사를 서술한 '필로폰네소스전쟁사'의 저자 투키디테스에서 시작해 트리시
마코스 글라우콘, 칼리클레스 등 불평등을 당연시하면서 권력자 또는 우
월한 자가 정의롭다는 주장을 펼친 세 인물의 논리를 살펴본다. 둘째, 인
류에게 철학의 빛을 선사한 소크라테스, 플라톤, 아리스토텔레스의 세 현
자가 펼치는 도덕우위론을 소개한다. 셋째로 근대 정의론의 대표주자인
홉스와 칸트를 다루고, 넷째 효용을 우선한 벤덤과 권리를 중시한 롤스의
주장을 설명한다. 이로써 고대부터 현재에 이르기까지 정의를 둘러싼 첨
예한 대립의 역사를 한눈에 파악할 수 있게 해준다. 저자는 각종 차별과
혐오를 형성하는 구조적 불평등을 제거할 수 있는 제도예: 기본소득를 하루
빨리 만드는 것이야말로 근본적인 해결책이라고 말한다.

칸트가 지적하듯 좋은 제도가 있으면 악마도 좋은 시민이 될 수 있으
며 롤스가 가정하듯 정의로운 제도가 정의로운 인간을 만든다. 차별과 혐
오에 반대하는 제도적 장치는 표현의 자유에 대한 제약에 있는 것이 아니
라 그 차별과 혐오를 형성하는 구조적 불평등을 제거하는 데 있다. 평등
은 인간이 만드는 것이 아니라 제도가 만드는 것이다. 이 책은 '평등을 만

드는 일을 사회기본구조가 행하게 하라. 이것이 차별과 혐오에 맞서 근본적인 해결책을 찾는 정의의 자세다'라고 웅변한다.

정의에서 공정함이라는 도덕적 요소가 작동될 수 있는 기본조건은 관계당사자들 간의 평등이다. 도덕이 정의의 요소로서 영향력을 확대하기 위해서는 정치적, 사회적으로 평등한 구조를 만드는 것이 무엇보다 중요하다. 인류가 문명을 이룬 이후 인류의 역사는 불평등한 구조에서 벗어나 평등한 구조를 형성하는 쪽으로 발전해 왔다. 그 예가 바로 민주정이다. 오로지 민주정만이 다수가 소수를 지배하는 일을 정당화했고 지금 현재 인류는 민주정을 유일하게 정당한 정체로 여기고 있다.

소크라테스는 모든 불의는 무지에서 비롯되며 자신의 무지를 인정하지 않고 더는 새로운 앎도 추구하지 않을 때, 더 나아가 그 앎을 실천하지 않을 때 부정의가 생겨난다는 점을 명확히 밝혔던 인물이다. 그는 도시가 불의로 기울어 갈 때 지식인들이 해야 할 일들이 무엇인지 행동으로 보여 준 인물이기도 하다. 아마도 소크라테스는 불의의 상황에서 '침묵은 금이다'라는 격언을 떠올리는 사람이 있다면 '나는 금 따위에 관심이 없다'라고 일갈했을 것이다.

아리스토텔레스는 폴리스를 '지배하는 자가 지배받고 지배받는 자가 지배하는' 곳이라고 정의했다. 인간은 폴리스를 떠나 인간이 될 수 없고, 폴리스 안에서 자신을 실현하는 존재라는 아리스토텔레스의 인간관은 인간을 사적인 개인의 이익이 아니라 공익을 추구해야 하는 존재로 규정한다. 공공의 일에 참여한다는 것은 공적 이익을 먼저 추구한다는 의미이고, 공적 이익의 추구는 인간이 자신의 목적을 실현하기 위해 필요한 덕이다. 폴리스 곧 공화국이 존립하고 운영되기 위해서는 미덕 있는 시민들의 참여가 필수적이다. 공익을 추구하는 덕스러운 시민의 좋은 삶과 공화국은 한 몸이다.

아리스토텔레스는 최고의 공직과 명예는 페리클레스처럼 시민으로서의 미덕이 가장 뛰어나고 공공선을 가장 잘 이해하는 사람에게 돌아가야 한다고 보았다. 최고의 권력은 무엇보다 스파르타와 전쟁을 치러야 하는지, 치러야 한다면 언제 어떻게 치러야 할지를 결정할 자질과 판단력이 있는 사람에게 돌아가야 한다고 생각했다.

거대 사회에서 개인은 자신의 이익을 충족시키기 위해서 우선 다른 사람이 필요로 하는 것을 제공해야 한다. 자신의 이익을 추구하기 위해서는 먼저 타인의 욕구를 충족시켜 주어야 한다. 자신이 원하는 것이 아니라 타인이 원하는 것을 제공해야 자신의 이익이 충족된다. 이기심은 필연적으로 이타심을 동반한다. 이것이 바로 시장의 논리이고 아담 스미스가 말한 '보이지 않는 손'의 작동이다. 이기적 행동이 이타적 결과를 초래한다. 마치 토크빌이 민주주의의 원리는 양보적 이기심에서 비롯된다는 협동의 과학을 알려 준 것처럼 말이다.

어쨌든 오늘의 정의론에 관한 대표적인 학자는 소수자의 권리보호를 부르짖는 존 롤스와 가진 자의 미덕을 강조하는 마이클 센델로 정리해 볼 수 있다.

롤스의 사회정의론은 의무론적 윤리설을 전제로 하고 있는 윤리관이라고 할 수 있다. 롤스는 정의를 '정당화될 수 있는 불평등이 없는 상태'라고 규정한다. 그리하여 '정의론'의 중심과제는 "어떤 차등이 도덕적으로 정당화될 수 있는가?"에 초점이 맞추어져 있다. 즉 절차에 아무런 하자가 없다면 불평등이나 차등도 정당화될 수 있다는 것이다. 만약 각 개인의 자유만을 인정한다면 소년 소녀 가장이나 불우한 처지에 놓인 노인, 그리고 장애인들에 대한 복지 문제를 소홀히 할 소지가 많다. 그러나 롤스의 정의론에 따르면 그들의 복지 문제를 해결할 수 있을 뿐만 아니라, 자본주의의 커다란 단점인 빈익빈 부익부 문제도 해소할 수 있다. 왜냐하면 롤스의 정의론은 기본적으로 '최소 수혜자의 최대 행복'을 고려하는 이론이기 때문이다.

이에 대해 센델은 두 가지 측면에서 문제를 제기한다. 우선, 그는 롤스의 '원초적 평등 조건'을 비판한다. 그것이 마치 경험적인 것처럼 포장되었으나, 그가 보기에 실제로는 칸트의 관념적 이성론에 근거하고 있다. 거기서 개인은 철저하게 '고립된' 존재이고, 국가나 공동체 역시 중립적이다. 이에 따라 롤스의 정의관은 중립적·관념적인 특징을 갖는다. 그의 비판은 자연스럽게 국가와 공동체로 이어진다. 그에 따르면, 인간을 고립된 존재로 보고 국가나 공동체를 중립적으로 여기는 시각은 공공철학에 적합하지 않다. 그런 철학은 시민의 탈도덕화를 부추기고, 공동체에 대한 소속감과 책임감을 쇠퇴시킨다. 그는 건강한 공동체가 시민의 행복을 지켜준다고 주장하며, 공동체에 대한 연대나 의무를 강조한다. 최근에 마이클 센델은 『공정하다는 착각』에서 능력주의가 공정하고 정의롭다는 착각을 하게 되면 세상은 갈등의 소용돌이에 빠지게 된다고 경고한다. 그 능력을 물려받은 것은 부모의 영향이 큰 것이고 아울러 사회의 지지가 있었기에 가능했다는 점에서 능력을 가진 자들의 겸손과 미덕이 중요하다는 지적이다.

동양의 공동체행복론자

1) 공자가 생각하는 행복한 나라

공자는 새로운 군자만을 말한 것이 아니라, 새로운 예도 말했다. 사실 새로운 군자는 새로운 예를 배우고 실천하는 사람일 뿐이다. 공자는 보수적인 사상가였다. 그러나 공자가 말하는 예는 새로운 예였다. 공자가 배우고 실천하고자 한 예를 흔히 주례라고 해서 과거 주나라의 예로 알고 있지만, 그는 새로운 예를 말했다.

공자는 예를 단순히 지켜야 할 형식이나 강제해야 할 규범이 아니라, 인간을 사랑하고 정치공동체 안의 타인을 인정하고 존중하는 것과 관련하여 말했다. 그런 것을 담아낼 수 있는 규범과 역할 수행의 방식, 모듬살이 방식이 예이지, 그것을 담아낼 수 없는 절차와 관습, 형식은 예가 아

함께하는 공동체의 행복공식

니라고 보았다.

정확히 말해 과거에는 예였을지 몰라도 지금은 타인을 아끼는 정신을 담아내지 못하면 예가 아니라는 것이다. 그러다 보니 예에 호혜적인 존중의 의미를 가득 담게 되었다. 일방적으로 아랫사람만이 지켜야 할 것, 특히 윗사람에게 지켜야 할 강제적인 의무와 규범으로서의 예는 인정하지 않았다.

새롭게 달라진 군자가 되어야 한다고 했으니, 어쩌면 새로운 예는 당연한 귀결이었다. 위기의 시대에 새롭게 거듭나려면 기존의 역할 수행 방식을 재검토할 수밖에 없었을 것이다. 앞서 언급한 안인도 이렇게 새로워진 예를 통해 실현되는 것이다. 그렇게 해서 이상적인 질서가 부여된 공동체의 새로운 모습이 바로 인仁이다.

역사적 증거와 맥락을 곁들어 탁월한 『논어』 해석을 해낸 이우재 선생이 『이우재의 논어 읽기』란 책에서 그 점을 많이 강조하였다. 실로 공자는 사적 소유와 생산을 둘러싼 경쟁, 그로 인한 파괴적 계층의 분화가 일어나기 전의 공동체적 삶에 강한 향수를 지니고 있었고, 그가 강조하는 덕목과 이상적 공동체의 모습에는 공동체적 삶에 대한 향수가 진하게 투영되어 있다.

국가권력이 강해지기 이전에 씨족공동체는 한마을에 사는 큰 가족이었다. 생산력이 턱없이 낮다 보니 많은 사람이 생산과 소유를 같이 해야 생존할 수 있었다. 그러니 나보다 나이가 많으면 누구든 형이고 누나고 아버지고 어머니였고 반대로 누구든 동생이고 아들이고 딸이고 했던 시절, 타인은 경쟁자가 아니라 내 생존의 근거였다. 당시에는 친근하고 살뜰하게 대해야 할 대상과 범위가 매우 넓었는데, 그 시대를 공자는 많이 그리워했다.

공자와 유학자들은 군주와 신하가 함께 국정을 이끌어나가는 군신 공치를 내세우고 다수의 지식인이 국정에 목소리를 내는 정치를 말했는데, 그것은 마을 원로 여럿이 회의하며 공동체를 다스리던 씨족공동체의 원시 민주제적 유습과 연관이 있다. 그리고 공자가 말하는 지도자가 구현해야 할 인仁에는 가부장적 엄숙함보다는 자애로운 여성적 모습이 많이 투영되어 있는데, 당시 씨족공동체는 모계제적인 사회였고 당시 공동체의 대표자는 지배자라기보다 보호자에 가까웠다.

그런데 공자는 그때 삶의 방식이 그리웠고, 그러니 그가 말하는 인仁이 여성적이었음은 당연한 일이다. 공자는 또한 위정자는 빈곤함보다 고르지 못함을 걱정해야 하며, 균등한 소유와 생산을 모두 집단 단위로 같이 하였다. 이렇게 공자는 과거 공동체적 삶의 방식을 많이 그리워했는데, 이러한 성향이 그의 사상에도 강하게 투영되어있다.

과거 공동체적 삶의 양식을 그리워해서인지 공자는 위정자들에게 균등하게 통치할 것을 강조하였다. 고른 소유를 가장 크게 침해하는 것은 지배자의 가혹한 착취인지라 공자는 무거운 조세정책을 강하게 반대하였다. 무거운 세금을 비롯해 시도 때도 없이 인민을 국가의 공사에 동원하는 것과 무거운 형벌에 이르기까지 공자는 단호하게 반대하였다. 군자의 인민에 대한 덕치는 그것들을 골자로 한다. 수기修己하고 예禮로써 소통하는 군자는 항상 이런 것을 명심해 덕으로써 인민에게 관대한 통치를 펼쳐야 하고, 그러면 인민도 자연히 교화되어 군자의 통치에 순응할 것이라고 공자는 낙관하였다.

공자가 살았던 시대는 난세였다. 가치 기준과 규범이 사라지고 생산력의 발달로, 사적 소유 의식이 강해지며, 하층민 간에는 생존 경쟁이 심해지면서 계층의 분화가 일어나고, 또 공동체가 병들었다고 진단하였다. 아

함께하는 공동체의 행복공식

래에서도 위에서도 살벌한 변화의 소용돌이가 일어나는 혼란의 와중에 대부분의 하층민은 나락으로 떨어져 죽어 나가고, 위에서도 아래에서도 원망의 목소리가 커지던, 무도하고 불협화음이 가득한 공동체였다. 공자는 이런 공동체를 화합의 공동체, 인의 공동체로 바꾸려고 노력을 하였다.

공자

묵자

2) 다산이 꿈꾸는 행복한 사람, 나라

사람이 살면서 복을 누리고 싶어 하는 것은 모두의 공통된 소망일 것이다. 남에게 복 받으라고 덕담을 해 주는 것도 복이 인간에게 가장 필요한 것이기 때문이라 할 수 있다. 소위 행복이라는 것이 복을 만나 다행하게 사는 것이다. 불우하지 않고 고통에 시달리지 않고 즐겁게 사는 것이 행복이라는 말이다. 이 행복론은 사람에 따라 차이가 있겠지만 세속적인 가치 기준은 이미 예로부터 서 있었다.

동양에서는 오복五福을 들어 행복의 표준으로 삼았다.

첫째 장수를 누려야 복이 누려진다고 보았다. 그리하여 수복壽福을 맨 처음 두었다.

두 번째는 부자로 사는 것이 복이다. 가난이 고통을 가져오므로 의·식·주를 잘 갖추어 배고프지 않게 먹고 춥지 않게 입고 살아야 한다는 것이다.

셋째는 강녕康寧으로 몸이 건강하고 마음이 편안한 것을 뜻한다. 몸이 병에 걸리지 않고 정신적으로도 건강하고 평화로운 것이 강녕이다.

넷째는 유호덕攸好德이라 하여 남으로부터 좋은 말을 듣고 어진 덕이 있어 사람 사이에 신뢰와 존경을 받는 것이다.

다섯째는 고종명考終命으로 임종을 편안하게 맞이하는 것이다. 이상의 다섯 가지를 오복이라 하여 이 오복을 다 누리고 사는 것이 가장 복 받고 잘 산 인생이라는 것이다. 이 오복은 다분히 일신의 영달을 추구하는 입장에서 내세운 것 같다. 아무튼 복을 타고나기를 바라고 복을 누리기를 바라는 사람의 마음이 복에 의존하여 있음을 간과할 수가 없는 것이다. 사람이 불우한 자기 환경을 비관하고 팔자타령을 하는 것은 곧 박복함을 한탄하는 것이다. 그런데 이 오복이 꼭 인생을 올바르게 살게 하는 것인지는 의문이다. 복 많이 누리고 산 사람을 꼭 잘산 사람이라고 한쪽으로만 치우쳐 평가할 수 없을 것 같은 생각이 든다. 인류 역사상 유명한 위인들 가운데 전혀 복을 누리지 못하고 산 사람들이 많다. 위대한 발명가가 인류에 이바지할 큰 발명을 하고도 요절한 사람이 있으며, 불후의 명작을 남기고도 불우한 생애를 산 예술가들도 많다. 또 나라를 위하여 목숨을 바친 순국열사들의 생애를 보면 고난 속에 살았을 뿐 전혀 복을 누리

함께하는 공동체의 행복공식

지 못한 이들도 많다.

　이런 점에서 보면 세속적 복이란 내가 남보다 잘되는 이기적인 입장을 가지고 있다 할 수 있다. 일신의 영달이란 남과 고통을 함께 나누는 인륜적인 큰 덕이라 할 수 없기 때문이다.

　벼슬이 높아도 청백리 정신으로 산 고관들이 옛날에도 있었는데 이들은 치부를 누리려 하지 않았다. 말하자면 스스로 안빈낙도를 즐긴 사람들이었다. 이들이 누리는 복을 청복淸福이라 하였다. 맑고 깨끗한 복이라는 말이다. 사실 청복은 치부 등의 복이 없는 경우인데 이 청복이 더 귀한 복이라고 주장한 사람이 있다. 바로 조선후기에 공렴과 애민, 그리고 개혁을 실천한 실학자 다산 정약용선생이다.

　다산 정약용은 사람이 누리는 복을 열복熱福과 청복淸福 둘로 나눴다. 열복은 누구나 원하는 그야말로 화끈한 복이다. 높은 지위에 올라 부귀를 누리며 떵떵거리고 사는 것이 열복이다. 모두가 그 앞에 허리를 굽히고, 눈짓 하나에 다들 알아서 긴다. 청복은 욕심 없이 맑고 소박하게 한세상을 건너가는 것이다. 가진 것이야 넉넉지 않아도 만족할 줄 아니 부족함이 없다.

　조선 중기 송익필宋翼弼은 '족부족足不足'이란 시에서 이렇게 노래했다. "군자는 어찌하여 늘 스스로 만족하고, 소인은 어이하여 언제나 부족한가. 부족해도 만족하면 남음이 늘상 있고, 족한데도 부족타 하면 언제나 부족하네. 넉넉함을 즐긴다면 부족함이 없겠지만, 부족함을 근심하면 언제나 만족할까? 중략 부족함과 만족함이 모두 내게 달렸으니, 외물外物이 어이 족함과 부족함이 되겠는가. 내 나이 일흔에 궁곡窮谷에 누웠자니, 남들이야 부족타 해도 나는야 족하도다. 아침에 만봉萬峰에서 흰 구름 피어남 보노라면, 절로 갔다 절로 오는 높은 운치가 족하고, 저녁에 푸른 바다 밝은 달 토함 보면, 가없는 금물결에 안眼界가 족하도다." 구절마다 '족足' 자로 운자를 단 장시의 일부분이다. 청복을 누리는 지족知足의 삶을 예찬했다.

다산은 여러 글에서 되풀이해 말했다. "세상에 열복을 얻은 사람은 아주 많지만 청복을 누리는 사람은 몇 되지 않는다. 하늘이 참으로 청복을 아끼는 것을 알겠다." 그런데도 사람들은 청복은 거들떠보지 않고, 열복만 누리겠다고 아우성을 친다.

남들 위에 군림해서 더 잘 먹고 더 많이 갖고, 그것으로도 모자라 아예 다 가지려고 한다. 열복은 항상 중간에 좌절하거나 끝이 안 좋은 것이 문제다. 요행히 자신이 열복을 누려도 자식 대까지 가는 경우란 흔치가 않다.

모든 사람이 우러르고, 아름다운 미녀가 추파를 던진다. 마음대로 못할 일이 없고, 뜻대로 안 될 일이 없다. 어느새 마음이 둥둥 떠서 안하무인眼下無人이 된다. 후끈 달아오른 욕망은 제 발등을 찍기 전에는 식을 줄을 모른다.

금방 형편이 뒤바뀌어 경멸과 질시와 손가락질만 남는다. 그때 가서도 자신을 겸허히 돌아보기는커녕, 주먹을 부르쥐고 두고 보자고 가만두지 않겠다고 이를 갈기만 하니, 끝내 청복을 누려볼 희망이 없다. 이렇기에 다산에게서 주목할 만한 것은 그가 '공공의 행복'에 힘썼다는 사실이다.

공공의 행복을 위해 사회에서 소외된 최소 수혜자를 위한 복지 대책이 필요하다고 보았다. 복지이념을 제시한 것이다. 공공기관에서 어려운 계층의 사람들을 배려하고 지원해 주는 시스템을 확보해야 한다는 것인데,

함께하는 공동체의 행복공식

목민관을 통한 사회의 최소 수혜자를 위한 복지 대책을 구체적으로 제시했다. 따라서 공자의 진정한 가르침을 탐구했던 다산은 정의와 사랑이 가득한 인仁의 공동체를 만들기 위해 일곱 가지 전략을 제시했다.

1본一本은 효제로 부모에게 효도하고 형제자매들과 우애를 돈독히 하는 것이다. 효도하는 사람은 자기 부모뿐만 아니라 친척과 이웃에게도 공경심을 보이는 법이고 어리고 어려우며 노약한 노인이나 여성에게 연민과 배려를 우선한다.

2도二道는 수기치인修己治人으로 자신의 몸을 닦고 수양하는 데 게을리하지 않아 도덕적 품성을 유지하려고 애를 쓴 다음에 다른 사람을 지도하여 좋은 방향으로 인도하는 것이다. 다시 말해서 수양이 이루어지지 않은 사람은 다른 사람을 지도할 자격이 없는 것이고 정치인이나 공무원도 국민을 섬기기 위해서는 도덕성과 지식을 겸비해야 한다는 것이다.

3호三好는 옛 것好古과 학문好學을 좋아하고 내 가족, 내 나라好我를 자랑스러워야 한다는 것이다.

4외四畏는 하늘과 백성과 여론과 감찰 기관을 두려워하라는 것이다.

5학五學은 멀리해야 할 학문으로 성리학, 훈고학, 풍수학, 술수지학, 과거지학, 문장학으로 실용성이 없는 학문을 지양해야 한다.

6렴六廉은 권력과 재물과 여색으로부터 깨끗해야 하며 권위가 있고 투명하며 직책을 수행함에 있어 공정해야 한다는 것이다.

그러나 위 여섯 가지 전략보다 가장 중요한 것은 7겸七謙이라 했으니 나를 높이고자 하면 나를 낮출 것이요 나를 높이면 낮춰진다는 진리를 깨달으라는 것이니 매사에 겸허함을 잊지 말라는 가르침이었다.

서로가 겸양의 미덕을 발휘하면 갈등은 사라지고 평화가 도래할 것이다. 민주주의의 원리에 양보적 이기심이 존재하듯 내 이기심을 일부 양보하지 않으면 만인은 만인에 대한 투쟁이 벌어지게 마련이다.

그런 점에서 일찍이 다산은 백성의 기본질서유지와 관리의 일탈을 막기 위해 법치를 말하며 법치가 채울 수 없는 부족함을 권력과 재물을 가진 자들의 미덕에 기대는 예치를 강조했으니 오늘의 롤스의 권리보호와 센델의 미덕을 다 아우른 선각자였던 셈이다.

다산 정약용

함께하는 공동체의 행복공식

행복한 공동체의 이념을 찾아

1) 행복한 공동체의 선결조건 1 : 신뢰

최근 세계 경제 위기 속에서 경제 부흥이 한국사회의 가장 중요한 과제인 것처럼 보이고 있다. 물론 경제가 어렵다 보니 그 무게가 큰 건 사실이나 우리 사회가 선진국으로 거듭나기 위해서는 그에 못지않게 사회의 기초질서를 확립하고, 정직하면서도 신뢰할 수 있는 사회를 만드는 것도 매우 중요한 과제다.

몇 년 전 KDI한국개발연구원의 발표에 따르면 우리나라 경제성장률에 있어서 1%포인트나 발목을 잡고 있는 게 다름 아닌 사회 기초질서의 붕괴와 신뢰의 부재라고 한다. 이 지적은 우리 사회에 던져주는 함의가 매우 크다. 다시 말하면 사회질서의 확립이 이루어지지 않은 경제성장은 사상누각에 다름없다는 이야기다.

우리나라는 경제 위기를 잘 극복하여, 국민소득 3만 달러를 넘었고, 네 가지 기준을 충족하여 드디어 선진국 대열에 들어갔다. 선진국에 진입하기 위한 네 가지 기준이란 첫째, IMF 분류기준에 부응해야 하고, 둘째 OECD 회원국이어야 하고, 셋째 인적 자원개발지수가 0.9이상이어야 하고, 넷째 국민소득이 2만 달러를 넘어야 한다.

그러나 네 가지 조건은 경제지표에 치우쳐 있어서 네 가지 조건을 충족해서 선진국에 진입하였다고 해도, 한국을 자신 있게 선진국이라고 내세우기엔 뭔가 부족한 구석이 없지 않다. 바로 우리나라의 사회지표가 여전히 부족하기 때문이다.

사회지표란 복지 수준과 사회적 자본, 즉 신뢰와 규범의 준수, 이웃과의 네트워크, 자원봉사 등을 뜻하는데 경제지표에 비해 여전히 부족하다.

일찍이 제나라의 재상이었던 관중은 건강한 나라를 평가하는 네 기둥을 예의염치禮義廉恥라 했는데, 과연 한국 사회에 예의와 염치가 있는지 스스로 물어볼 일이다.

'예'란 영어로 희생이라고 번역되는데 배려나 질서를 의미한다 하겠다. 오늘날 한국사회의 정치시회 지도자들이 국민을 위해 제대로 희생하고 있으며, 사회 기초질서는 잘 지켜지고 있는가? 그렇지 못한 것이 우리의 현실이다.

'의'란 신뢰와 의리를 의미하는데 국민에게 정부가 신뢰를 받고 있고, 정치인들이 자신을 뽑아준 유권자들에 대해 의리를 지키고 있는가?

　　　　　　　　　　　　　　　　　　함께하는 공동체의 행복공식

'염'이란 청렴하고 정직한 것을 뜻하는데 한국 사회가 깨끗하고 투명하며 정직한 사람들이 대접받는 사회인가?

'치'란 자신의 잘못을 반성하며 겸손한 자세를 지탱하는 것인데 현실은 어떠한가? 대부분의 한국 사람들은 잘못을 부끄러워하기보다 되레 잘못을 호도하고 잘했다고 떼를 쓰지는 않는지?

적어도 선진국이 되려면 내부적 조건이 예의와 염치를 지키는 사회일 것이며, 신용을 회복하여 신뢰받는 사회를 만드는 것이 무엇보다 중요하다.

> 미상
>
> 행복해지기 위해서 가장 좋은 방법은
> 가지고 있는 돈이 아니라, 축복을 세는 것이다.

2) 행복한 공동체의 선결조건 2 : 공평

왜 한국인은 갈수록 불행하다고 느낄까? 가장 큰 원인은 오랜 경제침체에 따른 실업, 소득감소, 청년취업난, 소득 격차 등의 경제적인 이유가 큰 부분을 차지할 것이다. 더구나 세월호, 코로나 19, 아동학대 같은 사회 불안전요소도 한몫을 하고 있다. 그러나 필자는 그에 못지않게 우리 사회의 불공평한 구조가 행복감을 저감시키고 있다고 생각한다.

국민들이 체감하는 그 불공평함이란 부정한 방법으로 부를 축적한 재벌들의 갑질, 국민은 안중에도 없는 정치인들의 막말과 불통, 고위직 검사들을 비롯한 고위공무원의 부정부패 등을 말한다. 정치 행정 권력과 재벌들의 검은 거래의 속살이 하나씩 드러날 때마다 국민들의 배신감과 절망감은 깊은 수렁에 빠진 듯 헤어 나오질 못하고 있다.

최근 서울 서베이에서는 이처럼 우리 사회의 불공평한 실상을 그대로 반영한 통계가 발표되었다. 우리 사회의 공평성을 부문별로 나누어 '우리 사회가 얼마나 공평하다고 생각하십니까?'라고 질문했더니 10점 만점에 4.51점을 받아 100점 만점으로 환산하면 50점에도 못 미치는 과락점수를 받았다.

부문별로 보면 소수자의 권리가 39.7점으로 최하위를 기록했고, 조세정책은 41점, 일자리 취업 기회가 43.4점, 수입과 지출은 43.9점을 기록해 평균점수 45.1점 보다 아래에 놓여 있었다. 그다음으로 도시와 농촌의 발전 45.1점, 사회복지 46.8점, 수도권과 지방의 발전 47.5점, 남녀평등 47.7점, 대학교육의 기회 50.7점 등으로 모든 분야가 50점대 미만을 기록했다.

이렇듯 우리 국민들은 우리 사회가 전반적으로 불공평하다고 평가하고 있을 뿐 아니라 이로 인해 더 불행하다고 느끼고 있다. 만약에 우리 사

함께하는 공동체의 행복공식

회가 정부와 사회지도자들을 신뢰하지 못하고 모든 기회에서 자신은 불리한 처분을 받고 있다고 느낀다면 그런 사회에 희망도 없고 활력도 없게 마련이다.

투명한 사회를 만들기 위해 2016년 9월부터 김영란법이 시행되었다고 하나 일반 국민들은 우리 사회가 더 투명해질 것이라고 큰 기대를 하지 않고 있는 것이 현실이다. 오히려 편법이 판을 쳐 전 국민을 잠재적 범죄자로 만들고 검은 거래의 단가가 더 높아지는 역작용을 낳을 거라고 예상할 정도이다.

정부나 재벌들이 국민의 수준을 따라 오지 못하는 게 우리 사회의 아킬레스건이다. 정부는 국민으로부터 위임받은 권력과 권한을 남용하지 않고 재벌은 국민 때문에 부를 축적하고 있다는 고마움을 잊지 않는다면 국민은 국가발전을 위해 헌신하는 정부와 재벌들에게 박수를 보낼 것이다.

정말 우리 모두가 꿈꾸는 사회는 정직하고 성실하게 땀을 흘리는 사람이 정당한 보상을 받는 그런 사회일 것이다. 그럴 때 전 국민이 정당한 보상을 얻기 위해 땀 흘려 노력하고 이번에 땀 흘리지 않은 사람은 그 결과에 수긍하며 다음 기회를 기약하게 될 것이다. 심지어 땀 흘리지 않은 사람 중에 장애라든지 특별한 사정이 있는 사람에게는 특별한 사정을 고려하여 배려를 해줄 때 더불어 모두가 함께 행복한 사회에 살고 있다는 자긍심을 갖게 될 것이다.

웃음기 사라지고 우울한 대한민국이 새롭게 태어나서 모든 국민을 환하게 웃게 만들고 행복감을 느끼게 하는 길은 우리 사회의 중심에 공평함이 자리를 잡게 만드는 것이다.

제6장

행복한 공동체를
만드는 시민들

시민정신은 무엇인가?

　우리 사회가 신뢰할 수 있고 공평한 사회로 가기 위해서 시민들이 갖추어야 할 시민 정신의 내용은 무엇인가?

　어떤 학자는 시민사회의 구성원들이 지녀야 할 덕목으로 준법정신, 자율정신, 근검정신, 관용정신을 들고 있기도 하다. 또는 사회적 자본을 시민정신의 근간으로 보는 관점도 있다. 사회적 자본이란 신뢰와 규범의 준수, 그리고 이웃과 좋은 관계, 네트워크 등을 말한다.

　필자는 일찍이 일반 시민성에 대한 조작적 정의를 내리길 권한 공유의 식주인의식, 적극적 참여, 공동체 지향성공동체 의식, 협조적 자세, 공공문제 지향성지역사회 문제인식, 지속성, 자율능력독자적 처리능력, 법규, 의무준수으로 보았다.

함께하는 공동체의 행복공식

첫째, 권한 공유의식은 자신이 이 나라의 주인이라는 분명한 인식을 하고, 기본권과 자유 그리고 행복추구권을 부르짖을 수 있는가를 확인할 수 있어야 한다. 나아가 주권을 행사하는 데 있어 투표에 적극적으로 참여하고, 국민의 4대 의무, 즉 병역, 교육, 노동, 납세의 의무를 다해야 한다.

둘째, 공동체 지향성은 공동체는 곧 공동의 운명체라는 인식을 하고 내가 속해 있는 공동체의 성공을 위해, 나보다 공동체의 이익을 먼저 챙기고 공동선을 이루기 위해 자신이 공동체에 얼마나 협력적인 자세를 갖추느냐가 매우 중요하다.

셋째, 공공문제 지향성이란 자신이 살고 있는 지역문제를 명확하게 인식하고 이 문제해결을 위해 아이디어와 지혜를 발휘하며 그 관심을 유지하기 위해 지역의 언론을 틈틈이 살피며 지역에 대한 관심이 생활의 가운데에 자리 잡고 있어야 한다.

넷째, 자율능력이란 자신의 문제를 혼자 해결할 수 있는 독자적 능력은 물론 법규를 준수하고 질서를 지키며 의무를 반드시 이행하는 자세를 갖추고 있음을 뜻한다. 더 나아가 자신의 역량을 자신이 속한 공동체를 위해 자발적으로 봉사하는 태도가 공동체를 살리는 힘의 원천이 될 수 있다.

이처럼 시민정신의 내용 내지는 구성요소에 대해 시민적인 합의가 이뤄진다면 이를 어떻게 함양할 것인가가 다음의 문제이다. 물론 시민정신의 교육은 학교의 정규과정에서 길러지고 가정교육을 통해 보완되어야 이상적이다. 그러나 대학입시 위주의 성적 지상주의에 목매는 학교교육에서 시민의 덕목이 길러지기를 원하는 것은 불가능한 것이나 다름없다. 아울러 가정교육에서 시민정신이 결여된 부모들에게서 시민정신을 교육받는다는 것도 어불성설이다.

끝으로 교육 못지않게 더 중요한 것은 배우고 알고 있는 것을 당장 실천에 옮기는 것이다. 대한민국이 대학진학률이 70% 이상일 정도로 세계에서 가장 학력이 높은 나라임에도 여전히 선진국에 진입하지 못하는 것은 배우고 알고 있는 것을 실천에 옮기지 않고 말과 혀로는 민주시민인 척하면서 오로지 자신의 이기심만 채우거나 선입견에 사로잡혀 편견을 투사하기 때문이다.

이제 민주시민이라면 배우고 알고 있는 것을 양심에 따라 선한 삶을 지향하는 가운데 행동으로 나타내 주어야 진정한 선진국으로 도약할 수 있다.

함께하는 공동체의 행복공식

왜 민주시민 교육이 필요한가?

　광화문 촛불은 국민이 이 나라의 주인이라는 사실을 일깨워 주는 역사적 계기였다. 정부가 무너지면 나라를 잃는다는 뼈아픈 경험 때문에 어떤 정부들은 정직하지 못했지만 믿고 따라왔다. 그 길만이 분단 상황에서 이 나라와 국민의 안전을 도모하는 일이었기 때문이다. 그러나 정의롭지 못한 박근혜 정부는 권력을 남용하고 거짓과 조작을 일삼으며 국민을 능멸하는 지경에 이르고 말았다.

　더 지켜만 볼 수 없었던 국민들이 그동안 유보해 왔던 주권을 돌려달라고 외친 것이다. 바야흐로 촛불혁명을 통해 국민주권 시대가 열리게 된 것이다. 그러나 모처럼 되찾은 주권을 제대로 행사하기 위해서는 시민의 정의에 대한 분명한 인식과 시민의식이 뒷받침되어야 한다.

만약에 일반 시민들이 자신의 생활 걱정에 매몰되거나 나만의 이익충족에 만족해 버리면 그런 사회는 시민이 주권자가 아니고 정치지도자들이 지배하는 중우정치가 가능해진다. 중우정치가 지배하는 사회에서의 시민은 동원의 대상이고 한낱 종속적인 노예에 불과하다.

정치인들은 자기들의 기득권을 확보하기 위해 시민들이 계속 불안하고 미의식의 상태에 머물기를 바라고 적당히 갈등을 조성하면서 헛된 희망에 매달려 인생을 소비하게 만든다. 이런 헛된 꿈을 버리고 시민의식을 높이기 위해서는 한국 사회가 지향해야 할 비전에 대한 합의와 시민성을 회복하고 이를 기르기 위한 시민교육의 방법들에 대한 진지한 고민이 필요할 때이다.

깨어 있는 시민이라면 내가 몸담고 있는 공동체의 신뢰를 형성하고 공평한 사회를 구축하기 위해 부단히 노력해야 한다.

결국 한국 사회가 추구하는 정의의 사회는 다름 아닌 정부와 시민이 서로 신뢰하고 모든 일이 공평한 사회를 형성하는 것인 만큼 깨어있는 시민과 명예를 존중하는 공무원이 힘을 합치면 정의로운 대한민국이 가능하다.

이해인

어디엘 가면 그대를 만날까요

누구를 만나면 그대를 보여줄까요

내내 궁리하다

제가 찾기로 했습니다

하루하루 살면서 부딪치는 모든 일

저무는 시간 속에 마음을 고요히 하고

갯벌에 숨어 있는 조개를 찾듯

두 눈을 크게 뜨고 그대를 찾기로 했습니다

내가 발견해야만 빛나는 옷 차려 입고

사뿐 날아올 나의 그대

내가 길들여야만 낯설지 않은 보석이 될

나의 그대를...

선진국의 시민교육

1) 영국

오랜 민주주의 역사를 지닌 영국 시민교육의 목적은 시대에 따라 변해 왔는데, 19세기 초만 해도 훌륭한 국가 시민이었지만, 2000년 이후 좋은 시민 또는 적극적인 시민을 강조하면서 세계시민 의식까지를 강조하고 있다.

시민교육내용도 민주주의에 대한 기초지식은 물론 정치에 대한 적극적 참여와 비판적 안목을 길러 주려고 노력하고 있다. 시민교육은 교육부가 총괄하지만, 중간매개조직인 교사들의 단체인 시민교육협회가 주관하고 각 시민단체는 자기가 지향하는 정치적 성향에 따라 각자 시민교육을 하고 있는 것이다. 따라서 기본적인 형태는 지자체 주도 모델이자 협동조합형 모델로 운영되는 셈이다. 이를 표로 요약하면 다음과 같다.

함께하는 공동체의 행복공식

〈표 6-1〉 영국 시민교육체계와 내용

구분	내용
시민교육의 목적	1. 19C초~19C후반 : 시민성 또는 훌륭한 국가시민 2. 1차 대전 이후~1950's : 훌륭한 세계시민 3. 1960's~2000년 : 민주시민 양성을 위한 정치교육 　- 보수당 : 민주시민 교육 배제 　- 노동당 : 민주화와 사회통합을 위한 시민성 교육 4. 2000년 이후 : 좋은 시민과 적극적인 시민의 중요성, 세계시민의식 강조
시민교육 내용	1. 교육기준청 : 민주주의 교육 및 시민의식 교육, 적극적인 참여 및 비판적 민주주의 2. 시민교육재단 : 민주시민 육성, 재정교육, 정치적 판단 능력, 사법제도, 사회활동, 시민교육 이해하기 - 시민교육 교사용 지침서
시민교육 전담기구	1. 교육부가 시민교육의 전반을 관장교육기준청 2. 중간매개조직 - 시민교육협회ACT 3. 시민단체 - 각 단체의 목적과 지향에 따라 활동

2) 미국

오늘날 민주주의의 전형적인 나라로 꼽히는 미국 시민교육의 목적은 초기에 자유 시민을 육성하는 데 초점을 맞추었으며, 존 듀이의 실용적 교육철학을 수용한 이래 기능적 시민양성에 대한 비판이 제기되는 등 논란을 겪다가 최근에 유능한 시민의 양성을 목표로 민주시민의 자질을 함양하는데 주안점을 두고 있다.

특히 학교 내 시민교육은 연방과 주 교육위원회가 전국사회교육협회와 협력하에 시민교육을 진행하고 있으며 학교 밖 시민교육은 다양한 조직에서 이루어지고 있지만, 그 표준을 제정하고 사후 평가하는 기능은 시민교육센터CCE가 총괄하고 있다.

물론 시민교육센터는 정치적 중립성을 견지하고 있으며, 이를 우리도 벤치마킹할 필요가 있다. 특히 진영논리가 지배하는 한국 사회에서 정치적 중립성을 확보하지 않으면 시민교육은 한 발짝도 앞으로 나아갈 수 없기 때문이다.

이를 표로 요약하면 다음과 같다.

〈표 6-2〉 미국 시민교육체계와 내용

구분	내용
시민교육의 목적	1. 1776~1850's : 기능적 교과과정 운영으로 능동적인 자유시민 육성 2. 1910~1960's : 존 듀이의 실용적 교육철학 수용 – 시민교육 실시 3. 1960's~1970's : 학교의 시민교육책임에 회의가 치명료화 접근법 옹호론자들 4. 1970's~1980's : 주류시민교육에 비판 – 시민적 용기 함양 5. 1990's~ : 어떤 아이도 뒤처져서는 안되는 법
시민교육 내용	1. 유능한 시민의 양성 : 민주사회에서 시민으로서의 지위를 수행하는 데필요한 지식, 기능, 태도 2. 좋은 시민의 양성 : 시민의 자질시민적 지식, 시민적 기술, 시민성향 함양
시민교육 전담기구	1. 학교내 시민교육 : 연방 및 주 교육위원회, 전국 사회교육협회 2. 학교밖 시민교육 : 가정, 지역사회단체, 정당, 종교단체, 대중매체, 노동단체를 포함한 이익집단시민교육센터 CCE

3) 독일

독일은 제2차 세계대전의 패전국으로서 주변국의 정치적 압력을 받은 것도 있지만 독일 국민 스스로 나치를 용인하고 이를 통해 세계를 유린한 것에 대한 깊은 집단적 반성이 있었다. 그리고 이런 참회의 정신이 독일의 시민교육에 철저하게 반영되어 있다.

다시 말하면 어리석은 국민들이 나치 독재를 용인하고 그들의 전범 행위에 동조한 것에 대한 철저한 반성을 바탕으로 다시는 독재세력에게 조작되고 이용당하지 않겠다는 맥락에서 깨어있는 시민으로 태어나기 위해 민주시민 교육이 필요하다고 보았다.

이러한 맥락에서 다른 나라들과 달리 독일의 민주시민 교육은 철저한 정치교육이라고 평가하는 이유가 여기에 있다. 따라서 민주시민 교육의 기본 형태는 정부 주도 및 지원이 기본적인 토대가 되는 모델이나 실질적으로는 민관 공조시스템으로 운영되고 있다.

이를 표로 요약하면 다음과 같다.

⟨표 6-3⟩ 독일의 시민교육체계와 내용

구분	내용

시민교육의
목적
	1. 19C
	: 농촌주민의 정치 · 문화적 교육시민대학의 설립초기
	2. 1차 세계대전~2차 세계대전
	: 독일국민의 민족의식 제고, 나치의 국가사회주의
	  이데올로기 전파
	3. 2차 세계대전이후
	: 전쟁의 과오를 되풀이하지 않기 위한 시민의식 고
	  양, 주권자로서 올바른 판단과 권리행사정치교육

시민교육 내용	1. 청소년 : 시민교육의 기초, 민주적 태도, 정치참여역량 2. 성인 : 민주주의 이념과 사상전파, 정치참여 장려
시민교육 전담기구	1. 연방정치교육원정치적 중립과 영향에 대한 감시받음 2. 지방정치교육센터프로그램개발 · 운영자율성 보장

4) 선진국 사례의 시사점

민주주의의 원조국가라고 할 수 있는 영국이나 최근 민주주의를 선도하고 있는 미국의 민주시민 교육은 유능하고 적극적인 시민을 육성하는데 초점을 맞추고 있으며 교육을 담당하는 기구의 정치적 중립성을 매우 강조하고 있는 편이다. 그러나 정치적으로 식민통치라든지 독재정치체제를 겪은 아픈 기억을 갖고 있는 나라라면 시민교육에서 정치성을 배제할 수가 없을 것이다.

바로 이런 점에서 한국의 민주시민 교육에 식민통치를 거부하고 독재를 용인하지 않겠다는 정치성이 내재되어야 하는 이유가 여기에 있다. 따라서 한국의 민주시민 교육은 어떤 체제에나 순응하는 기능적 시민을 육성한다기보다 정치성을 내포한 적극적 시민을 양성하는 것이 중요하다고 여겨진다.

스텐리

멋지게 살고, 자주 웃고, 많이 사랑하는 사람이
인생을 멋지게 사는 사람이다.

함께하는 공동체의 행복공식

우리나라 민주시민 교육의 실태

우리나라 민주시민 교육의 역사는 1945년에 해방과 더불어 미군정이 실시되면서, 미국식 민주주의를 뿌리내리기 위한 과정으로 초중등 사회생활과목에 포함되어 있었다. 그러나 이승만 정부와 박정희 정부는 민주시민의 육성보다는, 정권 안보 차원에서 반공교육 등을 통해 획일화된 정치교육을 강화했었다.

1972년 10월 유신이 선포되고 반 강제적인 정치교육이 강화되는 가운데 반작용으로, 종교의 보호막 속에서 민중 의식을 일깨우는 반정부적 시민교육이 암암리에 이루어지고 있었다.

1987년 6.10항쟁을 통해 형식적인 민주주의가 이뤄지고 나서 오늘날과 같은 민주시민 교육이 학교 안과 밖에서 공론화되기는 했으나, 그 실질적 성과는 없는 형편이었다.

현재는 민주시민 교육에 대한 중요성을 충분히 인식하고 있음에도 정부차원에서 통합된 민주시민 교육을 하지 않고 있다.

행정부 차원에서는 민주시민 교육에 관한 정책을 교육부의 학교정책실로 업무분장하고 있고, 공교육 외에 기타 민주시민 교육에 관련된 유관법률이 통일부 통일교육지원법, 법무부 법교육지원법, 기획재정부 경제교육지원법, 환경부 환경교육진흥법, 교육부 평생교육법 등 여러 부서에 나눠져 있지만, 딱히 민주시민 교육이라기보다는 각 부서의 정책을 이해시키기 위한 국민교육에 머물러 있는 실정이다.

반면에 시민단체가 주도하는 민주시민 교육은 흥사단, YMCA, 등 역사가 깊은 단체들과 더불어 새롭게 결성된 경제정의실천시민연합 등 다양한 단체들이 각자 독자적인 프로그램을 운영해 오고 있다.

예를 들어 경실련은 도시대학과 민족화해 아카데미를 통해 시민운동의 지도자를 양성해 오고 있다. 그리고 경실련과 참여연대 등 12개 단체가 1997년에 민주시민 교육포럼을 결성하고, 민주시민 교육지원법(안)을 입법 청원하였다.

한편 국회는 민주시민 교육법 통과를 미루고 중앙정부가 민주시민 교육에 적극적이지 않은 상황에서 오히려 지방자치단체가 선도적으로 민주시민 교육조례를 제정하는 등 한국사회의 민주시민 교육을 선도하고 있다.

서울특별시는 2014년, 경기도와 성남시는 2015년에 조례를 제정하기 시작한 이래, 14개 기초자치단체가 뒤를 이어 조례를 제정하고 공포하였

함께하는 공동체의 행복공식

다. 또한 교육청 차원에서는 전북교육청이 2016년에 맨 먼저 전라북도교육청 학교 민주시민 교육 진흥조례를 제정, 공포하였고 뒤를 이어 충북교육청, 경기교육청, 충남교육청, 전남교육청, 서울교육청, 광주교육청 등이 조례를 제정, 공포하였다.

우리나라에서는 공교육을 포함하여 국가 및 지방자치단체, 정당, 학계, 언론, 시민사회단체 등 다양한 기관이나 단체에서 민주시민 교육을 추진하고 있다. 그러나 앞에서 살펴본 바와 같이 법적 근거가 미약하고, 통일된 추진기구가 부재한 데다 민주시민 교육에 대한 부정적 시각이 존재하는 것도 사실이다.

> **톰슨**
>
> 자신의 행복보다 더 큰 행복은
> 다른 사람이 행복하도록 돕는 것이다.

우리나라 민주시민 교육의
한계와 쟁점

우리나라 민주시민 교육은 여전히 부정적 시각 속에서 미흡한 상태로 남아 있다. 우선 국회에서 20년 넘게 민주시민 교육지원법안이 계류 중에 있어 법적 근거가 부재할 뿐 아니라 민주시민 교육을 총괄하는 중앙부처가 정해지지 않은 상황에서 부처마다 민주시민 교육을 중첩적으로 실시하고 있다. 이러다 보니 여러 면에서 쟁점이 생겨나고 합의점을 찾지 못하고 있다.

우리나라 민주시민 교육의 한계에 대한 해결방안을 보면 다음과 같다.

첫째, 민주시민 교육이 정치교육이어야 한다는 입장과 비정치적이어야 한다는 논쟁이 있는데, 여기에서 혼동해서는 안 될 일은 시민교육은 분명히 정치교육으로 하되 교육내용이 특정 진영의 논리에 치우치지 않는 정

함께하는 공동체의 행복공식

치 중립적인 성격을 가져야 한다는 것이다.

영국과 미국은 정치 중립적 성격이 강한 데 반해 독일은 정치교육의 성격이 강하다. 필자는 우리의 경우 독일의 민주시민 교육처럼 정치교육을 하여야 한다고 생각한다.

우리나라는 35년여의 식민지배 경험을 갖고 있고, 40년 가까이 독재 정치를 경험한 탓에 민주시민 의식이 박약하다고 볼 수밖에 없다. 만약에 우리 국민이 강력한 민주시민 의식을 지니고 있었다면, 식민지배와 독재 정치에 강력하게 항거하고 거부했을 것이다. 그런 점에서 역사적 과오를 되풀이 하지 않기 위해서는 식민지배와 독재정치를 발붙이지 못하게 하 겠다는 강력한 정치교육이 이루어져야 한다. 이때 정치교육은 진보와 보 수의 진영논리의 함정에 빠져 특정 진영논리를 가르치는 정치교육이 아 니라는 점을 유념해 둘 필요가 있다.

주지하다시피 영국이나 미국은 민주주의가 확고하게 뿌리를 내린 나라 이고 그러한 맥락에서 기능적인 시민을 양성하는 것인데, 만약에 우리나 라에서 그들과 같은 맥락으로 기능적 시민을 양성한다면 식민지배에 부 역하고 독재정치에 침묵하는 정치적 노예로 전락할 가능성이 매우 높기 때문에 민주시민 교육은 정치교육이어야 한다고 강조하는 것이다. 단 뒤 에서 논의하겠지만 교육을 전담하는 기구는 정치 중립적이어야 한다.

둘째, 민주시민 교육을 전담하는 부처가 어디여야 하느냐가 쟁점이 되 고 있다. 국회가 전담할 것인지 행정부가 전담하는지에 대한 논쟁으로 법 률제정이 지연되고 있다. 한편 각 부처는 국회에서 법안이 통과될 것을 전제로 자기 부처가 총괄부처가 되어야 한다는 논리를 개발하고 있다.

특히 선거관리위원회가 가장 적극적이며 통일부도 민주시민 교육을 총괄하고자 하는 의욕을 내비치고 있다. 그에 반해 교육을 책임지고 있는 교육부가 소극적인 태도를 보이는 것은 이해하기 힘든 행태인데, 아마도 학교 민주시민 교육만 책임지겠다는 자세일지도 모른다. 그러나 교육부의 업무 중 대학교육파트는 대학교육협의회가, 향후 유·초·중등은 지역교육청으로 업무를 이관하게 될 것이 불을 보듯 뻔한데 그때 교육부의 존립은 위태로울 수밖에 없을 것이다.

그런 점에서 교육부는 앞으로 주 업무를 평생교육에 두고, 평생교육 6대 영역 중 시민참여 교육에 속하는 민주시민 교육을 전담하여, 학교 민주시민 교육과 일반 민주시민 교육을 연계하겠다는 비전을 가져야 할 것이다.

아울러 교육부가 민주시민 교육을 총괄하되 교육의 정치적 중립성을 확보하기 위해 중간매개조직에 민주시민 교육을 위탁하는 것이 좋다. 위탁 기관에서는 미국의 민주시민 교육센터처럼 교재를 개발하고, 민주시민 교육 관련 기관이나 단체에 내려보내야 한다. 기관이나 단체에서는 내려온 교재를 가지고 교육을 실시하고, 그 결과를 센터가 평가하는 방식으로 가는 것이 바람직할 것이다.

이때 중간 매개조직은 진보나 보수단체가 맡아서는 반쪽짜리 센터가 될 수밖에 없을 것이므로 정치적으로 가장 중립적인 교사단체나 한국평생교육총연합회와 같은 민간단체에 맡기면 된다.

셋째, 민주시민 교육의 내용에 대한 합의도 어려운 게 사실이다. 정치교육이 되어서는 안 된다는 입장에서는 시민의 기본자질인 질서 의식, 공동체 의식, 정직성과 같은 도덕적이고 윤리적인 내용을 담으면 된다고 생각한다. 그러나 위의 시민자질은 기본이고 권한 공유의식을 확보하기 위해서는 헌법에 대한 이해, 민주주의에 대한 기초개념, 지방자치의 구조 등을 가르쳐야 한다.

문제는 역사에 대한 해석이 서로 다른 경우, 어떤 입장을 가르쳐야 하느냐는 문제에 봉착하게 되는데, 양쪽의 주장을 있는 그대로 보여주고 논쟁을 재현해 보는 것도 한 방법이다. 물론 우리 사회의 토론문화가 자신의 의견과 다르면 상대를 적대시하거나 배척하려는 편협성과 이기성이 강하다. 그렇다고 이를 방치하면 문제는 영원히 풀리지 않는 만큼 언젠가는 짚고 넘어가야 할 문제라면 치열한 토론을 하되 상대를 배려하고 포용하려는 토론문화를 만들어 가야 할 것이다.

넷째, 학교 민주시민 교육과 일반 민주시민 교육의 연계방안에 관한 논쟁이다. 학교는 정치 중립적 공간이므로, 민주시민 교육은 도덕교과서 수준에 머물러야 한다고 보는 입장과 어차피 학생들이 성인이 되면 부딪히게 될 정치적 상황을 학교에서부터 민주주의에 대한 기초이론과 헌법의 가치, 인권, 생명권 등 정치적 현안까지도 다루어야 하는 입장이 존재한다.

사실 학교가 정치적 중립이라는 말은 형식논리에 불과하고 교육감 선거를 통해 학교는 정치 공간화되어 있고 학생들도 매일 매일 부닥치는 뉴스들이 온통 정치 뉴스인데 그들에게 정치를 외면하거나 어떤 정치적 성향이나 식견도 가져서는 안 된다고 강제해서 될 일이 아니다.

이미 인간은 정치적 동물이기 때문에 어려서부터 정치에 눈을 뜨게 하고 올바른 식견과 비판적 사고 등을 길러 주는 것이 바람직한 성인으로 발전해가는 지름길이라고 판단된다. 이럴 때 학교 민주시민 교육과 일반 민주시민 교육이 유기적으로 연계되어 질 수 있을 것이다.

좋은 시민과 깨어있는 시민

오늘 우리 사회의 화두는 행복이다. 정부는 말할 것도 없고 수많은 지자체도 너나없이 행복을 슬로건으로 내걸고 있다. 그동안 정부나 대부분의 지자체가 삶의 질을 노래하던 것과는 사뭇 다른 양상이다.

아마도 삶의 질이 경제변수의 영향을 많이 받다 보니 장기적인 경제침체 속에서 국민들은 물질보다 정신적 여유를 갈망하는 데서 행복을 추구하는 것인지도 모를 일이다.

과연 한국인들은 얼마나 행복할까? 2015년 말 스마트 행복포럼이라는 단체에서 발표한 우리나라 국민의 행복지수는 역대 최저 수준이었다. 이 단체는 2015년 한국인의 행복지수가 10점 만점에 5.45점으로 최저치를 기록했다고 발표했다.

함께하는 공동체의 행복공식

물론 어떤 지표를 사용하느냐에 따라 순위가 들쑥날쑥 하지만 전반적으로 한국인의 삶의 질, 또는 행복지수가 경제 규모에 비해 낮은 것은 부인할 수 없는 사실인 것 같다.

세계의 일상을 멈춰 세워버린 코로나 팬데믹 상황에서도 한국의 방역은 성공적이란 평가를 받는다. 소위 K방역 성공의 키워드는 좋은 시민과 헌신적인 의료진, 그리고 정부의 적절한 방역시스템이라고 할 수 있다.

시사주간지 '시사인'은 2021년 1월 5일 자 커버스토리에서 코로나19 재난기에 있어 '좋은 시민'이 어떤 힘을 발휘했는지 다루고 있다. 이 글에 따르면 재난은 속성상 공동체의 연대 의식을 끌어 올리며 출발하는 경향이 있다고 본다. 위기에 처한 공동체를 지키는 일에 참여하면서, 시민들은 공적으로 중요한 일을 한다는 고양감을 느낀다는 것이다.

97년 외환위기 때 한국인들은 '금모으기운동'으로 세계를 놀라게 했다. 그러나 재난이 길어지고 연대가 연대로 보답받지 못할 때, 한번 탈락하면 공동체가 구제해 주지 않는다는 교훈을 통해 각자도생의 시대정신을 갖게 된다고 한다. 일본과 비교한 결과를 보면 연대 의식이 얼마나 뒤처지는지를 체감할 수 있다.

소위 '취약계층에 대한 손실을 정부가 적극 지원해야 한다.'는 설문에 두 배 가까이 낮게 응답하고 있다. 자영업자에 대해 일본인들은 72%가 적극 지원해야 한다는 데 반해, 한국인들은 45%, 비정규직 노동자는 69일:44한, 중소기업은 66일:30한의 비율을 보인다. 이 조사에서 선거 때 항상 투표, 법과 규칙 준수, 정부가 하는 일을 늘 지켜본다는 설문을 묶어 '법제도 시민성'이라 규정하고, 사회단체 참여, 다른 의견 수용, 환경제품 선택, 못사는 사람 돕는다. 지역 문제해결에 참여한다는 설문을 묶어 '연대적 시민성'이라고 규정했는데 연대적 시민성을 가진 사람들이 공동체 지향적이고 법제도 시민성을 가진 사람들은 개인 지향적이라고 평가할 수 있다.

즉 코로나 19 피해자를 돕기 위해 정부가 내 세금을 올린다면 찬성하겠다는 응답에서 연대적 시민성이 높은 그룹은 45%, 중간그룹은 23%, 낮은 그룹은 15%에 불과하다는 점에서 연대적 시민성이 높은 시민을 공동체 지향적 시민이라고 할 수 있다.

법제도 시민성이 높은 그룹은 개인 지향적 시민이라고 구별해 볼 수 있을 것 같다. 그렇다면 어느 그룹을 좋은 시민이라 하고 어떤 그룹을 깨어 있는 시민이라고 부를 수 있는가? 행정 철학에서 가치수준을 나눌 때 가장 낮은 가치 수준이 좋은good이고, 가장 높은 가치 수준이 바른right이고, 중간이 합의cosensus이다.

이러한 맥락에서 좋은 시민good citizen은 개인 지향적 시민이라고 할 수 있고 공동체 지향적 시민은 상대와 합의를 도모한다는 점에서 깨어 있는 시민wake citizen이라고 할 수 있을 듯하다.

즉 좋은 시민은 의무도 잘 지키면서 자신의 권리도 잘 확보하려 한다는 점에서 개인 지향적이라면 의무와 권리는 말할 것도 없고 공동체에 크게 기여하려는 시민을 깨어있는 시민이라고 명명할 수 있다.

그렇다면 취약계층에 배려심을 보이는 일본 시민을 깨어있는 시민이라고 규정할 수 있을까? 통상은 정치적 의견을 표출하지 못하는 일본 시민을 질서만 잘 지키고 정부 말을 잘 듣는 기능적 시민, 또는 착한 시민이라고 규정해 온 것에 비추어 혼란이 오지 않을 수 없다.

함께하는 공동체의 행복공식

촛불로 대통령을 탄핵하는 한국국민들은 깨어있는 시민이긴 하나 좋은 시민이라고 부르지는 못하는 것인가? 아마도 일본인들은 법제도적 시민성에 철저할 뿐 아니라 문화 자체가 남에게 폐를 끼치지 않으려 하고 남을 먼저 배려하는 문화가 상존해 있다. 그래서 일본 시민을 개인 지향적인 좋은 시민이라고 하면서 나보다 못하는 사람을 배려하는 착한 시민이라고 부르되 깨어있는 시민이라고 부르지 못하듯 한국 시민은 좋은 시민이고 정치적으로 깨어있는 시민이면서도 착한 시민은 아니라고 규정지을 수 있을 것 같다.

한국인들은 공동체 지향성보다는 개체 지향성이 강하다는 측면에서, 공동체 의식을 키우는 노력이 교육이나 사회문화 분야에서 활발하게 논의되고 구체적 실천방안을 찾아야 할 것 같다.

오죽하면 OECD 행복지수에서 꼴찌 수준을 보이는 게 공동체 생활 부분일까?

수동적인 국민을 넘어 좋은 시민에서 깨어있는 시민으로 거듭나야 한다.

시민리더십이란?

시민 리더십은 우리 사회 공동체의 구성원이자 주체적 존재로서 시민이 갖추어야 할 자질이며 우리 사회를 건강하게 유지하고 발전시켜 나가는 원동력이라 할 수 있다. 이러한 당위적 개념에도 불구하고 시민 리더십에 대한 일반화된 개념은 명확히 정리되지 못하고 있다.

학자들에 따라서 많은 차이가 있으나 일반적으로는 "한 국가의 주인으로서 책임 있는 행동을 솔선하여 실천하는 능력 혹은 그러한 행동들"을 총칭하는 개념으로 사용된다. 구체적으로 보면, 시민 리더십은 주인의식, 도덕의식, 그리고 역사의식을 핵심내용으로 하는 행동을 의미한다.

한국지역사회교육협회KACE는 시민리더십을 주인의식, 공동체 의식,

준법의식, 역사의식, 지구촌 의식의 구성개념으로 정의하고 있다. 시민리더십은 '시민이 주인이 되어 이끌어가는 사회에서 필요한 혹은 발휘할 수 있는 역량'으로 정의할 수 있다.

이는 최근 EU에서 제안하고 있는 적극적 시민성active citizenship의 개념과도 유사하다고 볼 수 있다. 시민 리더십의 개념을 한 국가의 주인으로서 책임 있는 행동을 솔선수범하여 실천하는 것으로 볼 수 있다.

시민리더십은 우리 사회 공동체의 구성원이자 주체적 존재로서 시민이 갖추어야 할 자질이며 우리 사회를 건강하게 유지하고 발전시켜 나가는 원동력이다. 대표적 구성요소로 주인의식主, 도덕성道, 역사에 대한 인歷을 드는 견해는 적절하고, 시민리더십 구성요소로서의 주인의식은 애국심에 바탕 한 주인의식이 되어야 한다.

21세기 리더십은 공유하는 리더십, 팀 리더십, 파트너십이다. 리더십 요소 중 자신에게 부족한 것을 주위에서 채워야 한다.

고디

미소는 가장 적은 비용으로
당신의 모습을 가장 좋게 만든다.

시민리더십의 개념적 전제는 공동체

시민리더십은 먼저 무엇보다 공동체라는 틀을 전제로 하며 공동체 인식의 범주를 경제·정치·사회·문화·국제의 다섯 가지로 나눈다.

첫째, 경제적 공동체 인식

경제적인 활동의 장으로서 공동체 일원이 가지는 인식이다. 경제적 공동체 인식은 공동체 내부 성원 간의 경제활동 관계를 제로섬게임zero sum으로 인식하는가? 혹은 윈윈게임의 관계로 인식하는가? 와도 관련이 있다.

경제적 약자에 대한 배려나 기업의 사회적 책임과 관련한 인식은 경제적 공동체 인식의 중요한 지표라 할 수 있다.

둘째, 정치적 공동체 인식

함께하는 공동체의 행복공식

정치 세계에 대한 인식이다. 정치에 대한 불신이 클수록 정치에 대한 무관심이 증대하고, 비례해서 정치적 공동체 인식이 미약하다고 볼 수 있다. 공직자나 정치인들에 대한 신뢰도가 높은 사회일수록 정치에 대한 불신도가 낮고 반대로 정치적 공동체에 대한 소속감이 강하며 그만큼 정치가 안정되어 있다고 볼 수 있다.

셋째, 사회적 공동체 인식

개인과 전체 사회와 관련되는 동시에 양자의 관계와 연결이다. 근대에 들어서면서, 개인에게 허용되는 자유와 사적 이익의 추구에 대한 자유의 허용 정도는 사회적 공동체 인식에 있어서 중요한 기준으로 자리 잡아가고 있다. 상호배려는 공동체가 성립하기 위한 전제인데 이에 대한 인식 여부는 시민리더십의 개념을 구성하는 데 포함된다.

넷째, 문화적 공동체 인식

과거 전통에 대한 인식공유와 새로운 문화에의 인식 개방성은 문화적 공동체 인식의 내용 구성이다. 개방성과 다양성의 수용은 문화가 유기체적으로 생명력을 가지고 전개되는 것과 불가분의 관계라고 할 만하다.

다섯째, 국제적 공동체 인식

국가의 테두리를 벗어나서 다른 나라의 문제에 대한 관심과 참여에 대한 인식은 국제화 시대, 지구촌 공동체 일원으로서의 시민리더십을 설명해준다. 우리나라에 대한 외부 인식에 대한 관심과 세계 문명에 기여하는 바에 대한 자의식들은 미래의 우리가 세계시민으로서의 정체성을 갖는 데 의미 있는 작용을 하게 될 것이다.

시민리더십의 구성요인

1) 주인의식

헌법 제1조는 대한민국은 민주공화국이며, 대한민국의 주권은 국민에게 있고, 모든 권력은 국민으로부터 나온다고 선언하고 있다. 시민의 공동체에 대한 소속감은 구체적으로 공동체에 대한 책임과 의무, 권리에 대한 자각, 그리고 이를 얼마나 제대로 수행 실천하는가와 관련된다.

인류 역사가 진행되면서, 자기 일이라고 생각하는 범주가 외연적으로나 내포적으로 확장, 심화되는 경향성을 지닌다. 타인의 생활 세계에 대한 적극적인 소통과 관여의 태도를 의미한다.

함께하는 공동체의 행복공식

2) 공동체 의식

타인의 생활 세계에 대한 개방적 수용의 태도와 혹은 배려, 그리고 존중하는 태도와 관련이 있다.

개인적 수준에서는 연령과 경과에 따라 사회적 활동의 범주가 확대되면서 자연스럽게 정착하는 측면이 있는데, 일종의 공동체에 대한 책임감, 봉사하려는 의지도 포함된다.

건강한 시민공동체의 형성을 위해 노력하는 것은 시민리더십의 중요한 덕목이다. 공동체 의식을 가진 시민 리더는 사사로운 이익 추구가 아니라 오직 공동체적 관심에서 활동하는 도덕적 성숙을 견지해야 한다.

3) 준법정신

준법적 태도에는 개인의 불이익과 사회 전체의 이익이 충돌할 때, 사익을 희생하고 사회 전체의 이익에 기여하고자 하는 이타적인 태도 특성을 뜻한다.

개인 실리적 차원의 준법이 아니라 이타적, 사회 공리적 차원의 준법의식은 자신만의 엄격한 태도뿐만 아니라, 남에 대한 준법적 태도의 요구와 감시를 유발한다.

신고 정신도 여기에 해당하며 이는 행동하는 리더십이어야 한다. 법은 시민 간에 체결한 사회적 약속으로 기초질서의 확립이 중요하며 시민의식의 출발점이고 민주주의의 기본이다.

4) 역사의식

역사에 대한 자긍심과 반성적 태도는 미래에 대한 진취적 태도와 연관된다. 역사가 주는 교훈을 잊지 않는 역사의식, 그리고 역사를 두려워하는 마음을 가져야 한다.

프리스

마음속으로 행복을 느끼는 사람에게는
사계절이 모두 아름답다.

함께하는 공동체의 행복공식

10

10만 시민리더를 키우자

임진년 새해를 맞으면서 임진왜란을 예견하고 10만 양병설을 주창했던 율곡 이이 선생이 떠오른다. 오늘 사회의 특징은 웹 2.0시대라는 점이다. 정보의 공개와 참여, 그리고 공유를 중시하는 사회이다.

이제 모든 시민은 정부가 하는 일을 알고 싶어 하고 그에 대해 자신의 의견을 개진하고 싶고, 영향력을 발휘하고 싶어 한다. 그야말로 아테네 시대의 직접민주주의 방식으로 돌아가고 있다는 착각을 준다. 그러나 아테네 시대에 있어서도 모든 시민은 참여할 수 없었다. 여성과 아이, 노예는 참여대상에서 제외되었다. 오로지 양민만이 참여할 수 있었다. 평등의 시대에 누구는 참여하고 누구는 참여할 수 없다는 것은 엄청난 차별이요 헌법 가치에 위배되는 일이다. 그러나 문제의 본질을 잘 알지도 못하는 사람들의 무차별적 참여는 해결방안을 왜곡시킬 수도 있어 더 위험하다.

2013년 7월 민선5기에 대한 시민 만족도 조사 결과는 기대와 크게 달랐다. 은근히 만족도가 월등히 높을 거라는 기대와 달리 만족하는 시민이 19.5%, 보통이 61.7%, 불만족하는 시민이 18.3%였다. 물론 통계학에서 보통도 만족의 범위에 넣어 계산하면 80% 이상이 만족했다고 해석할 수도 있었다. 그러나 심각한 것은 만족과 불만족의 비율이 거의 맞먹는다는 사실이었다. 그래서 조사기관에 시정인지도에 따른 교차분석을 다시 요청했다. 그 결과 시정을 잘 알고 있다는 시민의 만족도는 32%, 잘 모르는 시민들은 12.3% 만이 만족하고 있었다. 이처럼 시정에 대한 관심과 이해 없이는 참여가 무의미할 수도 있다. 더구나 우리 사회의 허위의식까지 고려하면 참여에 따른 왜곡 현상을 걱정하지 않을 수 없다.

북한의 위협이 상존한다고 말하면서 수도권을 확대하려 하고, 중앙정부와 수도권에 분권과 균형을 요구하면서 자기 지역 내부에서는 여전히 집권과 불균형을 해소하려는 노력을 기울이지 않는 이율배반성 등이 대표적인 허위의식이다. 이런 것들을 깨뜨리고 시민의식을 높이기 위해서는 우리 사회가 지향해야 할 목표에 대한 합의와 시민성의 회복, 그리고 시민교육의 방법 등에 대한 진지한 고뇌가 수반되어야 한다. 즉 우리가 추구하는 좋은 사회란 무엇이며, 좋은 사회실현을 위해서 필요한 행정에서의 시민성에 대한 고찰과 좋은 사회형성을 위해 필요한 시민리더십의 내용과 이를 제고하기 위한 교육 프로그램개발의 방향을 제시해야 한다.

이때 '좋은 사회'란 모두에게 이익이 되고 합의를 지향하는 사회를 의미하며 좋은 사회는 국가, 시장, 공동체를 잘 융합해야 한다. 세 요소가 역할과 의무는 다르지만, 각각이 협력하고 포용하는 것이 좋은 사회를 위해

함께하는 공동체의 행복공식

필수적이다. 따라서 좌파가 '나'보다는 '너'를 중시하는 반면 우파는 '나'를 중시한다고 보면 좋은 사회는 '나와 우리'를 중시한다는 점에서 우파의 주장도 수용한다. 또한 좌파와 마찬가지로 공동체 및 국가와 시장과의 균형을 중시하고, 특히 정부는 좋은 사회의 중요한 파트너로서 강조한다.

결국 제3의 길은 공동체주의를 통한 좋은 사회에의 도달 방법론이라 할 수 있다. 그런가 하면 어떤 정치체제의 수준은 그 사회의 시민 능력에 달려 있다고 말한다. 그러므로 수준이 낮은 시민은 행정에 의한 서비스의 수준도 낮게 마련이다.

따라서 대중적 자치정부는 오직 시민들이 그들의 시민성에 관해 참다운 고뇌를 할 때만이 존재할 수 있다. 이때 시민리더십은 우리 사회 공동체의 구성원이자 주체적 존재로서 시민이 갖추어야 할 자질이며, 우리 사회를 건강하게 유지하고 발전시켜 나가는 원동력이라 할 수 있다.

시민리더십의 함양은 지역공동체를 향한 시민참여를 높이고 역할의 적극적인 활용을 통해 시민과 시민사회단체, 지방의회의 바람직한 파트너십 구축을 가능하게 하여 민주공동체를 이끌 수 있는 원천이 된다.

현재 우리 사회에 현존하고 있는 정치 · 사회적 갈등과 이로 인한 피해는 제도화의 결함이라기보다는 시민의식의 결여에서 비롯되었다고 볼 수도 있다. 이를 치유하고 해결하며 사회적 통합과 한국적 시민 정치문화를 구축하기 위해서는 시민리더십교육의 활성화가 조속히 이루어져야 한다.

교육의 기본목표와 방향은 민주공동체를 지향하는 적극적 민주시민 양성에 두고 시민리더십 교육기관은 가능한 정치적 중립성이 제도적으로 보장되어야 할 것이다.

제7장

공동체행복을 이끄는 공직자, 공공리더

왜 공직가치인가?

　행정은 공공성을 확보하기 위해 존재한다. 더 나아가 행정은 공적 가치를 창출한다. 공적 가치는 서비스 제공을 통해서 생산된 가치, 또는 서비스를 공정하게 공급함으로써 창조되는 가치, 시민들에게 유익한 사회적 결과를 제공함으로써 창조되는 가치, 정부에 대한 시민의 신뢰와 정당성이 생김으로써 창조되는 가치이다. 따라서 공직가치가 확고해야 공공성과 공적 가치의 창출이 가능하다.

　사실 사람이 무리를 지어 사는 곳에는 반드시 공동의 문제가 발생한다. 그러한 공동의 문제를 공정하게 처리하고 해결하기 위해 권위가 필요하다. 물론 그 권위는 모든 구성원으로부터 나오는 것이지만 국가에 위임된다. 그래서 권위를 위임받은 국가는 정부를 통해서 공직가치의 바탕 위에서 공공성을 확보하고 공적 가치를 창출하게 된다.

그런데 언제부터인가 우리 사회에 공공성이 희미해지고 공직가치가 크게 흔들리고 있다. 아마도 공공성이 퇴색한 것은 산업화 과정에서의 지나친 공권력의 작용에 대한 반작용의 산물이라고 할 수 있다. 그리고 공직가치의 상실은 IMF 경제위기 이후 우리 사회에 불어 닥친 민간 경영기법들의 정부 침투현상이 공직가치에 혼돈을 주고 공직가치를 약화시켜 발생된 요인이라고 볼 수 있다.

지난 50여 년 동안 우리나라는 행정이 국가발전을 선도해 왔으며 경제발전에 결정적인 기여를 해 왔다. 그때의 공직자들은 오로지 경제성장만이 국민을 잘살게 하는 방법으로 여기고 멸사봉공하고 헌신하며 성실하게 일했었다. 그러나 민주행정의 관견으로 바라보면 강력한 행정권한의 폐해와 재량권의 남용사례가 빈번했었다.

그 결과 행정활동으로 인한 국민의 권익침해 가능성도 더욱더 높았던 것이 사실이었다. 어찌 보면 공직자들의 순수한 열정이 독재정권 연장의 수단에 악용되고 말았다. 그러다 보니 공직자들이 공직가치를 통해 창출하고자 했던 우리 사회의 정의와 공익은 온데간데없이 사라지고 공직자들은 정권의 하수인으로 전락하고 말았던 것이다. 그래서 그때의 공공의 영역은 지금보다 훨씬 컸지만, 공적 가치의 창출은 미약했다고 볼 수 있다. 바로 여기에 공직자들이 봉사할 궁극적 대상자가 누구인지를 구별하고 시대의 상황에 부응하는 공직가치를 재정립하지 않으면 안 되는 이유가 버티고 있는 것이다.

공직가치에 무엇을 담을 것인가?

공직가치를 법적 관점 또는 제도적 관점에서 개념을 정립한다면 '공직으로서의 가치'와 '공무원 개인의 직업적 가치'로 구분될 수 있다. '공직으로서의 가치'란 공직이라는 직업의 특수성에서 오는 가치로 일반의 직업가치와 대비되는 특수한 가치라고 설명할 수 있다. 즉 '공직으로서의 가치'는 공직이라는 업무의 '공공성'에서 나오는 가치라고 볼 수 있다.

이에 반하여 '공무원 개인의 직업적 가치'란 공직의 공무원에 대한 순수한 직업으로서의 가치를 의미한다.

지금까지 공직가치라고 할 경우 '국민 전체에 대한 봉사자'로서의 공무원의 지위만을 강조하여 '공직자체에 대한 가치'만을 관심 대상으로 삼았다. 또한 '공직으로서의 가치'만을 강조하여 공직에 대한 개인의 직업적

함께하는 공동체의 행복공식

가치의 추구는 공직의 공평성, 공직자의 청렴성만을 강조하여 현대사회에서 중요시되는 '서비스로서의 공무'의 확립을 위한 제도적 연구는 많이 미비하였다고 평가할 수 있다. 따라서 공직가치를 확립하기 위한 제도적 접근과 제도적 보완 방향을 연구함에서는 '서비스로서의 공직가치'의 확립과 동시에 '직업적 가치로서의 공직가치' 확립을 위한 현행제도의 비판적 검토와 제도적 개선방향의 연구도 함께 병행되어야 할 것이다.

물론 공직가치가 아직 제도화되어 있지 않다면 윤리의식으로서의 공직가치가 된다. 이러한 윤리의식으로서의 공직가치를 법제화하게 되면 윤리적인 행동기준을 명확히 하고 윤리의식을 현실적으로 강제함에 있어 도움이 된다. 그러나 윤리의식의 법적 강제는, 법적 강제를 엄격하게 운용하지 않으면 오히려 비윤리적인 행위를 넓히는 결과를 초래하고, 법제를 준수하는 것이 윤리라는 그릇된 인식이 생기게 하여 철저한 윤리의식을 가로막는 역기능도 생긴다. 하지만 가치의 제도화는 일정한 가치 확립을 위한 행정에 권위를 부여하는 역할을 하고 공직가치에 대한 최소한의 합의의 상징으로서 기능하게 된다.

이런 의미에서 공직가치는 윤리적 관점에서 출발하여 법적, 제도적 관점으로 발전해 간다고 볼 수 있다. 이러한 맥락에서 우리나라의 전통적 공직관은 민본행정의 틀 내에서 이해할 수 있다. 민본행정의 기본 틀은 도덕적 인격을 가꾼 엘리트가 어리석고 몽매한 백성을 배려하고 돌보는 것이므로, 목민관의 일은 백성에게는 부모와 같은 역할이다.

따라서 조선조의 공직관은 무한한 '배려'의 자세를 갖는 것과 공정과 청렴을 요청하는 청백리라고 할 수 있다. 그러나 민주주의 국가가 수립되고 발전국가를 지향하면서 개인에게는 성실, 정직, 청렴, 봉사를, 조직에 대해서는 충성과 복종을 강조하게 된다. 따라서 발전국가에서 공공행정의 공익가치는 관료적이며 기술적인 합리성 차원의 효과성과 효율성이라고 할 수 있다.

문민정부가 출현한 이후 신공공관리론은 발전국가의 한계를 극복하는 정부 개혁모델로 부상하면서 성과지향의 조직문화가 힘을 얻기 시작한다. 엄격한 성과목표를 설정하고 이를 성취하는 것을 강조하는 차원에서의 효과성과 효율성을 강조하게 된다.

이제 현대사회에서 요구하는 공직가치는 개인적 가치, 전문직업적 가치, 조직가치, 법적 가치, 공익가치 등 다섯 가지로 분류하고 있다. 우선 공직가치 창출에 기여할 수 있는 공무원의 개인적 가치는 공민적 청렴성 civic integrity이라고 할 수 있다.

둘째로 전문직업적 가치는 공무원의 교육과 지식의 수준이 높다는 것을 의미하며 공무원의 전문직업적 가치는 행정적 의사결정에 있어서 중요한 원천이다.

셋째로 조직 가치는 관계 지향적 문화, 혁신 지향적 문화, 위계 지향적 문화, 시장 지향적 문화로 구분할 수 있는데 세계화와 지식기반사회의 도래에 따라 공공조직의 문화가 위계적 문화에서 시장지향적 문화, 관계지향적 문화, 혁신지향적 문화로 변화해야 한다.

넷째로 법적 가치는 공공행정의 정당성을 뒷받침해 주는 주요한 가치인데 민주주의 정부는 법에 따라 서비스를 제공하는 것이 정당하므로 합법성을 견지해야 한다.

마지막으로 공익가치는 공적가치 관리접근의 맥락에서 효율성, 책임성, 형평성을 추구하는 것이다. 이상과 같이 다섯 가지 차원의 공직가치

모형에 근거하여 개인가치인 청렴성, 공직 자긍심, 자발적 조직행동을 공무원 개개인의 내적 출발점으로 하여 이를 바탕으로 창의성과 전문성을 지닌 책임과 대응 등 전문 가치를 제고하고 변화와 혁신, 조직의 공정성, 일과 가정의 조화 등의 조직 가치의 합리화를 지향하며 법과 원칙에 근거한 합법성과 덕성과 윤리에 의한 합리적, 객관적 판단 등 법적 가치를 유지함으로써 형평성, 민주성, 다문화 감수성 등의 공익가치를 극대화함으로써 효율적 정부 관리와 국민의 헌법적 권리를 제고하여 궁극적으로 국민의 삶의 질을 향상시킬 수 있다.

공직가치를 어떻게 가르칠 것인가?

행정은 과연 누구를 위한 것인가 하는 물음과 관련하여 책임의 문제가 제기되고 아울러 책임 있는 행정의 실현이란 어떠한 것이며, 그러한 행정을 보장하는 방법은 어떠한 것이 있는가 하는 문제 등이 오늘날 행정에서 중요시되고 큰 관심의 초점이 되고 있다.

이러한 맥락에서 오늘날 우리 행정학자의 과제는 흔들리고 있는 공직가치를 재정립해 보고 새로운 시대의 변화에 걸맞은 공직가치를 추가하여 공직자가 행정업무를 수행할 때 준거할 수 있는 구체적 행동지침을 제시해 주어야 한다. 이렇게 명확하게 정립된 공직가치가 공직사회에 내재화되기 위해서는 새로운 공직가치 교육프로그램을 개발하여 공직자들에게 체화시키고, 나아가 공직가치가 일상화할 수 있도록 유인을 제공하고

함께하는 공동체의 행복공식

이를 환류하여 점검하는 모니터링시스템이 갖춰져 있어야 한다.

그런데 대부분의 공무원 교육 기관들에서 진행되고 있는 공직가치 교육은 매우 미비한 것으로 파악되고 있다. 사실 가치교육이 무엇을 의미하는지도 명확히 알지 못한 상태에서 공직윤리나 청렴을 강조하는 교육을 가치교육으로 혼동하고 있다. 또는 정약용 선생 등 역사 속의 훌륭한 공직자들을 벤치마킹하는 수준으로 가치교육이 진행될 뿐 아니라 가치교육을 정신교육의 일부라고 생각하고 있다.

우선 공직가치란 공무원들이 공직사회에서 어떻게 행동해야 할지, 또 어떻게 그들이 공직서비스 제공에 기여해야 할지, 어떠한 공직인이 되어야 할지에 대한 지침을 제공해 주는 것이기 때문에 중요하다는 인식을 심어 줄 필요가 있다.

그 바탕 위에서 정부의 공직가치는 무엇이 있으며, 우리나라의 과거 공직가치에 대한 탐구와 더불어 새로운 시대가 요구하는 공직가치는 무엇인지를 찾는 것이 필요하다.

아무리 공직가치의 법제화가 중요하다 해도 공직가치에 대한 부단한 교육의 뒷받침 없이는 그 효과를 발휘할 수 없을 것이다. 왜냐하면 세상을 바꾸는 것은 사람이지만 사람을 바꾸는 것은 교육이기 때문이다.

일 잘하는 공무원이 그릇도 깬다

설날에 온 식구가 큰집으로 모이는 일은 우리 사회 미덕 중의 하나이
다. 요즘 명절 때 역귀성이 늘었다고는 하나 교통전쟁은 반복되고 고속도
로가 주차장을 방불케 하는 풍경이 여전하다. 그런 풍경이 언제까지 가능
할지 궁금한 일이다.

요즘 신세대들은 명절 때 해외여행을 가거나 아예 귀성을 하지 않는
가정들이 늘어나고 있으니 말이다. 심지어 아이패드를 이용해 영상으로
세배를 올리는 풍경도 있단다. 어쨌든 한자리에 가족이 모이게 되면 말
도 많고 탈도 많은 법이다. 그중 며느리의 명절증후군 등 며느리에 관한
말들이 가장 많다.

옛말에 '일 잘하는 며느리가 그릇도 깬다'는 말이 있다. 일하지 않는 며

함께하는 공동체의 행복공식

느리는 그릇을 깰 일이 없다는 이야기다. 며느리 사이에도 주로 큰며느리는 죽어라 일만 하고 시어머니 욕은 혼자 다 얻어먹는 경우가 허다하다. 그런가 하면 가끔 명절 때 나타나 용돈이나 주고 생색내는 얄미운 며느리들이 있다.

시어머니 입장에서도 자주 부딪치며 갈등의 골이 깊은 큰며느리보다 가끔 용돈을 듬뿍 주는 며느리가 더 예뻐 보일 수도 있다. 그러나 결국 모시고 살거나 병들면 수발들어 줄 며느리는 큰며느리나 함께 사는 며느리다.

노후에 그 며느리에게 대접받기를 포기할 생각이라면 그렇게 처신해도 괜찮을 것이다. 그렇지 않다면 오늘도 열심히 일하는 며느리를 탓하기보다는 따뜻한 격려를 해주어야 할 것이다. 공무원 조직도 사정은 비슷하다.

열심히 일하려는 공무원은 하다 보면 작은 실수도 저지르게 되고 그래서 개인적으로 피해보기가 쉽다. 소위 우리나라 감사 방법이 합법성 위주의 감사이다 보니 법규나 절차에 자그마한 실수라도 생기면 징계를 받게 된다. 말로는 적극적으로 일하는 공무원은 면책을 확대하겠다고 공언한다.

심지어 책임을 회피하기 위해 업무를 방치하거나 회피하는 공무원에 대하여 집중 감사 실시 후 가중처벌하겠다는 언급도 있다. 예를 들어 무조건 안 되는 방향으로 사업을 검토하고, 책임회피용 증빙자료를 요구하거나 업무 소관이 불분명하다고 부서 간 떠넘기는 사례, 민원 발생을 우려하여 업무를 회피하는 사례 등에 대해 엄히 책임을 묻는 감사를 진행하겠다는 것이다.

대신 전례가 없는 새로운 업무로써 절차상 경미한 하자라든지 현실에 부합되지 아니한 규정으로 인하여 발생한 불가피한 발생사례 등은 면책 범위를 확대하겠다는 것이다. 그러나 현실에서는 일을 하다 보면 철저히 챙기기 어려운 경우가 허다하다. 또한 좋은 의도로 일을 하다가 보면 약간의 절차 실수는 별문제 아닐 거라는 확신마저 들 때가 있다.

특히 입찰업무를 열심히 수행하는 공무원이 고통을 당하는 경우가 왕왕 있다. 예를 들어 입찰 과정에서 낙찰된 업체가 감사원 등에 민원을 넣게 되면 애꿎게도 좋은 의도는 누가 알아주지도 않고 절차상의 하자 중심으로 감사를 받다 보면 백발백중 사소한 실수가 드러나게 돼 징계받기 일쑤다. 그러니 누가 적극적으로 일을 하려고 덤벼들겠는가?

더군다나 열정을 갖고 일하는 공무원에 대해 주변 동료들이 시기하고 미워하기까지 한다. 가만히 있으면 덩달아 묻어갈 수 있는데 괜히 옆 동료가 열심히 일하면 자신의 일하지 않는 모습이 적나라하게 드러나게 되기 때문이다. 그래서 보통의 공무원들은 동료들의 비위를 건드릴 수도 있고 공연히 감사에서 지적받을 일을 앞장서 하지 않는다.

철밥통이라는 비아냥을 들으면서도 적당히 넘어가면 신분보장이 확실한데 무리수를 둘 필요가 없다는 생각이 만연해 있다. 그런데도 윗사람들은 책임의식을 갖고 시민을 섬기며 열정적으로 일하라고 다그친다. 그때 공무원들은 '다치면 책임져 줄 것도 아닌데 누구를 위해'라고 반문한다. 그렇다. 공무원들이 열정을 갖고 뛸 수 있게 하려면 기관장이 그들의 든든한 보호막이 되어주고 발탁승진도 해주어야 열정을 발휘할 수 있을 것이다.

함께하는 공동체의 행복공식

이론과 실제, 지란지교를 꿈꾼다

'이론과 실제는 다르다'는 말에 많은 사람이 공감한다. 이 말은 마치 이론은 이론이고 실제는 이론과 영 딴판이라는 식의 뉘앙스를 풍긴다. 이런 오해가 생긴 데는 이론이 현실을 이끄는 힘이 약했거나 이론이 시키는 대로 일을 했는데 재미를 못 봤기 때문일 것이다.

또는 이론이 추구하는 세계는 이상sollen이고 실제가 추구하는 세계가 현실sein이다 보니 괴리가 생기는 게 당연하다는 것이다.

그러나 이론은 어떤 현상을 경험적으로나 체계적으로 정립한 법칙이다. 그러므로 이론이 뒷받침되지 않은 실제는 오류를 반복할 수 있고 시간과 돈이 많이 들어간다. 그래서 기를 쓰면서 교육을 많이 받고 이론을 배워서 이론대로 실무를 수행하려고 애쓴다. 그런데 현장에서 이론이 가끔 빗나갈 때 역시 이론은 공허한 것이라고 매도하기 쉽다.

사실 대부분의 일은 이론대로 진행되고 있는데도 가끔 빗나간 사례가 과장되어 이론의 가치를 훼손하는 것이다. 더구나 이론을 연구하고 강의하는 교수나 연구원들이 현장을 도외시할 때 괴리가 심각할 수 있다.

오로지 외국의 최신 책을 열심히 구득해서 그 이론을 한국 현실에 적용하려 할 때 빗나가는 수가 많다. 그 이론의 토대가 되는 역사적, 문화적 배경을 도외시한 채 무리하게 이론을 적용하려 할 때 그런 일이 발생한다. 그래서 이론을 연구하는 사람들은 현장을 중시하고 현장의 목소리를 귀담아들어야 한다. 그런가 하면 현장에서 실무를 수행하는 사람들이 이론을 연구하는 교수나 연구원들의 도움 없이 스스로 일을 잘 해낼 수 있다고 자만에 빠졌을 때 큰 오류를 범할 수 있다.

오랜 경험이 큰 무기가 될 수도 있지만 검증되지 않은 경험은 현상을 왜곡시킬 수 있기 때문이다. 필자의 군 경험에 비추어 봐도 검증되지 않은 경험으로 큰일을 낼 뻔한 아찔한 순간이 있었다. 나중에 원인을 규명하니 계산병이 선배들로부터 전수해 온 계산방식이 아군을 죽이는 반대 방식이라는 사실을 발견하고 경험이 낳을 수 있는 큰 오류를 피부로 느끼는 순간이었다.

그래서 이론은 과학이고 경험은 비과학적인 것이다. 물론 우리는 가끔 일상 속에서 기상예보가 빗나갈 때 기상청을 비난하고 오히려 할머니의 예측에 박수를 보낼 때가 많다. 과학적으로 연구해서 날씨를 예보하는 기상청은 가끔 틀리고, 경험으로 무릎이 쑤시면 비가 온다는 사실을 알고 있는 할머니의 정확한 예보에 감탄을 금치 못한다. 그러나 할머니는 무릎이 쑤시면 비가 온다는 인과관계를 체계적으로 설명하지 못하고 기상청은 비록 틀렸어도 틀린 원인을 체계적으로 밝혀 주기 때문에 기상청은 과학이고 할머니는 비과학적인 것이다.

함께하는 공동체의 행복공식

풍수지리를 통달하는 방법에 세 가지 길이 있다고 한다. 풍수지리서를 열심히 공부해서 풍수 이론을 터득한 사람을 법통法通했다고 한다. 그런가 하면 타고 날 때부터 풍수에 신기를 지녔거나, 오랜 경험을 통해서 통달한 사람을 신통神通했다고 한다. 그리고 타고난 신기에다 이론을 겸비한 사람을 도통道通했다고 한다.

물론 가장 이상적인 풍수가는 도통하는 것이지만 그렇게 되기에는 몇몇 비범한 인간 말고는 보통 사람들에게는 벅찬 이야기이다. 그래서 보통 사람들은 법통하거나 신통, 둘 중에 하나일 수밖에 없다. 그런데 법통한 사람이 알려준 명당이 허구일 때 그는 밥통 소리를 듣게 되고 신통한 사람이 자신 있게 명당을 짚었는데 어긋나면 산통 깨지는 법이다. 따라서 법통이 밥통이 안 되고 신통이 산통 깨지지 않으려면 법통과 신통이 자주 만나 대화하고 협력하는 길 만이 도통의 영역에 가까워질 수 있다.

법통이 신통에 감동을 주고 신통이 법통에게 감탄을 자아내는 인간관계를 지란지교芝蘭之交라고 부른다.

현장에서 뛰는 공무원들은 현안에 매달리다 보니 2%의 부족을 느낄 때가 많다. 누군가 그 갈증을 해소시켜 주길 바란다. 바로 그때 전문가가 나서서 갈증을 시원하게 해소시켜 주어야 한다.

햄키호테형 공무원이 답이다

얼마 전 대전시청 대회의실에서 시장과 주무과장 100여 명이 모인 가운데 '시나리오 없는 프리토킹'이라는 정책 대화를 가졌다. 물론 처음 타이틀은 '넥타이 풀고 가슴은 열고'였다. 그런데 너무 감상적 표현이어서 인지 채택이 되지는 못했지만, 첫 의도는 권위를 벗어 던지고 진정성 있는 대화의 자리를 만들어 보자는 것 같았다.

물론 권위주의 문화에 익숙한 관료사회에서는 파격적인 자리였던 만큼 아랫사람들이 쉽게 적응하기 어려웠을 것이다. 그동안 관료사회에 일방적 소통communication은 있어 왔지만, 대화conversation는 없었던 터라 협력collaboration을 기대하기 어려웠던 게 현실이었다.

그런 점에서 시장 스스로 권위를 버리고 진솔하게 자신의 행정 철학

함께하는 공동체의 행복공식

을 설명하고 현안 과제에 대한 시장의 입장을 분명히 함으로써 정책 집행과정에서의 혼란을 줄이고 협력을 이끌어 냈다는 평가를 내릴 수 있을 것 같다.

정책 대화 자리에서 대전 시장은 네 가지를 강조하였다.

첫째, 행정은 시민을 편하게 해줘야 하고 그런 면에서 쟁점을 확대재생산해서 시민을 불안하게 해서는 안 된다는 것이었다. 고대 중국의 요임금이 성군이었던 이유는 백성이 정부의 존재를 잊고 생업에 전념할 수 있었기 때문이다.

둘째, 행정은 현실과의 조화를 꾀하면서 미래가치를 창출해야 한다는 것이다. 지구는 미래세대의 것이어서 환경보호가 매우 중요하나 그렇다고 동시대인들의 희생이 과중해서는 안 된다는 말이다.

셋째는 큰 그림 못지않게 작은 부분에도 세심한 배려가 필요하다는 것이다. 다산이 큰 사회개혁을 꾀하면서도 백성들의 삶의 조건을 개선하기 위해 작은 일에 매달린 것이 바로 그것이다.

넷째는 상식과 순리를 존중하는 행정이어야 한다는 것이다. 세상에서 가장 좋은 정책은 상선약수上善若水, 즉 물 흐르는 대로 따르는 것이 최고의 선이라는 이치를 말함이다. 어쨌든 이 자리에서 얼마나 많은 공무원이 그 철학을 공유하려고 노력했는지는 몰라도 행정을 수행하면서 철학이 그 바탕에 깔려야 한다는 사실을 인식했다는 것만으로도 큰 성과일 수 있다.

대부분의 사람은 행정은 관리하는 것에 불과하고 심지어 공무원은 영혼이 없다고도 말한다. 그러나 사람이 위급한 상황에서도 정신 줄을 놓지 말아야 하듯 공무원은 행정을 수행하면서 공직가치를 견지해야 한다.

공직가치란 공무원들이 공직사회에서 어떻게 행동해야 할지, 또 어떻게 그들이 공공서비스제공에 기여해야 할지, 어떠한 공직인이 되어야 할지에 대한 지침을 제공해 주는 것이기 때문에 중요하다.

때마침 인재개발원에서는 대전공무원들의 핵심가치를 발굴하기 위해 인터뷰를 요청해 왔다. 대전 시민들은 대전공무원들의 일하는 모습에 대해 어떻게 평가하고 있다고 생각하느냐였다.

우리나라 공무원 대부분이 합법성 위주의 감사 관행 때문에 새로운 일에 도전하기를 꺼려하지만 특히 대전공무원들은 새로운 일에 대한 도전을 더 꺼려하는 편이라고 말해 줬다. 그 이유를 묻기에 대전 사람들은 본래 남의 일에 관여하기를 싫어하는 대신 남이 나에 대해 관여하는 것도 싫어하는 기질에서 비롯된 듯하다고 나름대로 평가해 줬다.

괜히 앞서면 잘난 체한다고 견제당하고, 뒤처지면 자존심 상하니 중간만 따라가겠다는 의식이 바탕에 폭넓게 깔려 있다. 그래서 사업하는 사람들이 대전에서 새로운 일을 시작하기 참 힘들다고 말들 한다. 그래도 대전이 이처럼 성장한 이면에는 공무원들의 어떤 경쟁력이 작용했다고 보느냐는 질문이 돌아왔다.

필자는 대전 공무원들의 창의적 조직문화 때문이라고 응답해 줬다. 아마도 필자가 관찰한 바에 따르면 광역시로 분리된 지 10년쯤 지나면서 부터 단체장의 권한이 아래로 위임되면서 자율성이 확대되고, 초기에는 혼란을 겪더니 서서히 창의적 조직문화가 자리 잡기 시작했다고 본다.

새로운 일에 대한 도전은 꺼리지만 주어진 업무에 대한 창의적 처리로 대전광역시의 경쟁력이 위력을 발휘했던 것 같다. 이러한 맥락 속에서 앞

함께하는 공동체의 행복공식

으로 대전 시민들이 공무원들에게 어떤 모습을 기대하느냐는 질문에 전문성과 열정이라고 힘주어 말을 했다.

복잡한 현대사회에서 공무원은 해당업무에 관한 한 최고의 전문가가 되어야 한다. 그리고 시민으로부터 봉급을 받는 공복으로서 열정을 다 바쳐 일하는 모습에 시민들은 힘찬 박수를 보낼 것이다.

대표적인 인간모형에 적용하여 생각thinking만 열심히 하는 공무원을 햄릿형 공무원이라고 한다면 생각은 차치하고 바로 행동doing으로 옮기는 공무원을 돈키호테형 공무원이라고 치자. 그렇다면 지금까지의 대전 공무원들은 생각은 많이 하는 편이었으나 행동이 부족했던 만큼 이제 생각하고 행동하는 햄키호테hamquixote형 공무원으로 거듭나길 기대해 본다.

공공리더십이란?

　지난 50여 년 동안 우리나라는 행정이 국가발전을 선도해 왔으며 경제발전에 결정적인 기여를 해 왔다. 그때의 공직자들은 오로지 경제성장 만이 국민을 잘살게 하는 방법으로 여기고 멸사봉공하고 헌신하며 성실하게 일했었다. 그러나 민주행정의 관점으로 바라보면 강력한 행정권한의 폐해와 재량권의 남용사례가 빈번했었던 것도 사실이었다.

　더구나 네오막시스트의 국가론적 관점에서 바라보면 국가가 정당화의 기능보다 자본축적의 기능에 편향되어 있었던 것은 아닌지 반성해 볼 일이다. 정부가 자본축적 기능에 충실할 때 사회는 나만 행복하면 그만이라는 이기주의를 양산하고 그런 사회는 공공의 가치를 무너뜨리게 마련이다. 행복한 사회는 나와 가까운 이웃 그리고 사회적으로 어려운 사람까지가 행복해야 진정한 행복이 보장되는 법이다.

바로 여기에 오늘의 공직자들이 창조시대의 상황에 부응하는 공공성을 확립하지 않으면 안 되는 이유가 버티고 있다. 이때 과연 공공성은 무엇이고 이를 확보하기 위한 방법은 무엇인지가 궁금하지 않을 수 없다. 왜냐면 독재시대에 공적 영역은 지금보다 훨씬 더 넓었으나 공공성이 확보되었다고 볼 수 없기 때문이다. 일본 교토포럼의 김태창회장은 한 세미나에서 공공의 개념이 어디에서 비롯되었으며 그 내용은 무엇인지를 쉽게 풀어갔다.

공공公共의 개념은 사마천의 사기에서 등장하는데 임금이 신하나 백성과 함께 공통의 관심사에 대해 대화하고 이를 해결하기 위해 공동으로 새로운 방안을 찾는 과정이라고 규정한다. 임금이 절대권력을 바탕으로 권력을 일방적으로 행사한다면 공공성은 훼손된다는 것이다.

지금으로 바꾸어 말한다면 거버넌스, 즉 민관협치의 중요성을 언급한 듯하다. 특히 공적 영역과 사적 영역과는 다른 별개의 영역을 공공으로 설정한 것은 공적 영역이 추구하는 공익과 사적 영역이 추구하는 사익을 조화하는 가치를 공공으로 여긴다는 점이다. 자유주의가 지향하는 나 중심의 사고와 국가주의가 지향하는 너와 우리라는 사고의 틀을 벗어나 전체를 강조하는 공동체주의와 맞닿아 있기도 하다. 김회장은 공공이란 우리말에 다사리와 같은 개념이라고도 한다.

다사리는 모두를 살린다, 또는 모두가 함께 행복하다는 의미가 담겨있다는 것이다. 그래서 그는 함께 행복하다는 의미를 갖고 있는 공복共福이라는 단어를 사용하고 있다. 그런 의미에서 그동안 상대를 위한다는 미명 하에 자신의 이익을 도모하는 '위하여' 라는 말보다 '더불어 함께' 라는 말을 쓰자고 제안한다. 조선시대의 위민爲民행정도 치자의 입장에서 백성을 위한다는 것이지 백성의 관점에서 그들을 위하는 것이 아니었기 때문에 백성과 더불어 함께 머리를 맞대고 그들의 진정한 욕구를 충족시켜 주기 위해 노력해온 여민與民행정으로 바뀌어야 한다는 것이다.

따라서 공공성을 확립하기 위한 시정관리의 핵심은 시민들로 하여금 공동의 이해관계를 표명하고 충족하도록 도와주는 노젓기와 같은 서비스에 머물러야 한다는 말이다. 행정은 시민을 고객으로 여기지 말아야 하며 기업가정신보다도 시민의 지위와 공공서비스에 더 큰 가치를 부여해야 한다. 그럴 때 국민 모두를 다 살리는 행정이 가능하다. 이러한 맥락에서 오늘날 행정학자의 과제는 흔들리고 있는 공공성을 재정립해 보고 새로운 시대의 변화에 걸맞는 공직가치를 추가하여 공직자가 행정업무를 수행할 때 준거할 수 있는 구체적 행동지침을 제시해 주어야 한다.

이처럼 공직가치의 변화에 따른 공공리더십향상은 이 시대의 소명이고 세종시가 공공철학을 조명하는 이유일 것이다. 바라건대 세종시탄생을 계기로 대한민국의 공공성을 회복하여 대한민국 국민이 어디에 살든 누구나 함께 행복한 공복의 시대를 여는 단초가 되었으면 한다.

공공리더십의 조건

1) 비전을 제시할 수 있어야 한다

지역공동체주민들은 새로운 지역의 지도자에게서 비전을 기대한다. 그러므로 지도자는 비전을 제시할 수 있어야 한다. 물론 그 비전은 인간사회에 대한 진지한 고민을 통해 형성된 철학의 바탕 위에서 도출된다.

아마도 대부분의 인간이 꿈꾸는 가장 이상적인 사회는 '정의로운 사회'일 것이다. 그러나 '정의로운 사회'는 현실적으로 불가능하다. 그래서 '좋은 사회'라는 가치를 실현가능한 대안으로 여긴다. 경제학자 갤브레이스는 인간중심의 좋은 사회를 주장하면서 '좋은 사회란 모든 구성원에게 기본적인 삶의 조건을 보장하고 나아가 최저 소득계층의 권익을 제도적으로 보호해야 한다'고 주장한다.

그러므로 좋은 사회를 이룩하는 데는 진정한 민주주의체제를 구축하는 것이 가장 시급한 과제라는 것이다. 그러나 그러한 과제의 해결은 정부나 시장, 또는 시민사회 어느 한 주체의 노력만으로 이루어지는 것은 아니고 좋은 거버넌스를 구축할 때만이 가능할 것이다.

(58~59쪽 옮김) 요즘 우리사회의 화두는 양극화해소다. 그것도 경제적 양극화의 해법을 놓고 대립하고 있다. 증세와 감세, 성장과 분배를 놓고 다툰다. 그렇다고 분배론자들이 성장의 필요성을 부정하는 건 아니다. 다만 이기적 사회구조 속에서의 성장은 빈부격차를 심화시킬 뿐이라는 것이다. 반면에 성장론자들은 일단 파이를 키워야 분배의 여지가 있다는 주장이다.

그런 점에서 좋은 사회를 주창하는 갤브레이스도 경제발전이 지속되고 확장되어야 좋은 사회를 실현할 수 있다는 논리와 맞닿아 있다. 따라서 분배론자든 성장론자든 부자와 빈자들이 더불어 만족할 만한 좋은 사회를 지향한다는 점에서는 동일하나 방법론에서 차이를 보일 따름이다. 그런데 '좋다'라는 것이 자칫 자신에게 좋은 게 옳다는 의미로 받아들일 때 이기적인 사회가 되고 만다.

이기적인 사회에서는 오로지 나의 이익만 존재한다. 다른 사람이야 굶어 죽든 말든 나와 나의 가족만 안전하면 그만이다. 나의 이익을 위해서는 수단과 방법을 가리지 않고 권력과 돈을 독차지하고자 한다. 필요에 따라서는 거짓과 조작을 통해서라도 나의 성과를 높이고, 남에 대한 피해는 불가피하다고 여긴다. 그래서 이기적인 사람들이 생각하는 경제성장은 나의 소득과 재산이 늘어나는 것만을 의미한다. 심지어 빈곤은 당사자의 책임이요 그들의 몫이라고 치부하는 현상도 나타난다. 그러다보니 이기적인 사회에서 빈부의 격차는 날로 커질 수밖에 없다. 지금 지구상에는 20%에 해당하는 인구가 기아에 허덕이고, 6%의 인구가 부의 약60%

를 점유하는 불공평한 상황이 벌어지고 있다. 그래서 인도의 성자 간디는 '진정한 경제성장이란 가난한 사람들의 형편이 나아지는 것을 의미한다' 고 설파했다. (58~59쪽 옮김)

이렇듯 우리 사회에서 요구되는 발전전략의 가장 중요한 목표는 성장과 형평을 동시에 고려하는, 시장의 합리성과 시민사회의 활력이 효율적인 정부를 매개로 적극적으로 결합해야 한다. 그런 의미에서 우리나라의 공공지도자들은 남북관계의 회복을 위한 전향적인 인식과 통일시대를 대비한 분권과 균형발전에 대한 필요성을 분명히 견지하는 가운데 새로운 행정수도의 건설에 매진하면서 분권형 개헌에 앞장서야 한다.

2) 사회자본을 키워야 한다

최근 글로벌 경제위기 속에서 경제 살리기가 한국사회의 가장 중요한 과제인 것처럼 비쳐지고 있다. 물론 경제가 어렵다보니 비중이 큰 건 사실이나 한국사회가 선진국으로 도약하기 위해서는 그에 못지않게 사회질서를 확립하고 정직하며 신뢰할 수 있는 사회를 구축하는 것도 매우 중요한 과제다. 몇 년 전 한국개발연구원의 발표에 따르면 한국경제성장률에 있어서 1%포인트의 발목을 잡고 있는 게 사회기초질서의 붕괴와 신뢰의 상실이라는 지적이 있었다. 우리 사회에 시사하는 바가 매우 크다. 다시 말하면 사회질서의 확립이 전제되지 않은 경제성장은 사상누각에 불과하다는 이야기다.

(144~145쪽 옮김) 우리나라가 경제위기를 잘 극복하여 조만간에 국민소득

2만 불을 달성한다면 선진국의 4개 기준을 전부 충족하는 셈이 된다. 4개 기준이란 첫째 IMF 분류기준에 부합해야 하고, 둘째 OECD 회원국이어야 하며, 셋째 인적개발지수가 0.9이상이고, 마지막으로 국민소득이 2만 불을 넘어야 하는데 조만간 국민소득 2만 불을 달성하면 세계에서 24번째로 네 가지 기준을 모두 충족하는 선진국이 되는 것이다. 그러나 위의 네 가지 조건은 경제지표에 치중되어 있어서 네 가지 조건의 충족 만 가지고 대한민국을 자신 있게 선진국이라고 부르기엔 뭔가 캥기는 구석이 없지 않다. 바로 우리나라의 사회지표는 여전히 미흡하기 때문이다.

사회지표란 복지수준이나 사회적 자본, 즉 신뢰와 규범의 준수, 네트워크, 자원봉사 등을 의미하는데 경제지표에 비해 여전히 부족하다. 일찍이 제나라의 명재상 관중은 나라를 떠받치는 네 기둥을 예의염치禮義廉恥라 했는데, 과연 우리 사회에 예의와 염치가 있는지 자문해 볼 일이다. 예란 영어로 sacrifice, 즉 희생으로 번역되는데 배려와 질서를 의미한다 하겠다.

오늘 우리 사회의 지도자들이 국민을 위해 얼마나 희생하고 있으며, 사회질서는 잘 지켜지고 있는가? 그렇지 못한 게 오늘의 현실이다. 의란 신용과 의리를 뜻하는데 정부가 국민들로부터 신뢰를 받고 있고, 정치인들은 자기를 뽑아준 유권자들에게 의리를 지키고 있는가? 염이란 청렴과 정직을 의미하는데 우리 사회가 투명하고 깨끗하며 정직한 사람들이 대접받는 사회인가? 치란 자신의 잘못을 성찰하며 겸허한 자세를 견지하는 것인데 현실은 어떠한가? 대부분의 한국인은 잘못을 부끄러워하기 보다는 오히려 잘못을 호도하고 잘했다고 억지를 부리지는 않는지? 적어도 선진국이 되기 위한 내부적 조건은 예의와 염치를 세우는 사회일 것이다.(144~145쪽 옮김)

따라서 지역주민들의 사회자본을 키우기 위해서는 시민교육이 매우 중요하다. 물론 시민정신교육은 학교의 정규교육과정에서 길러지고 가정교육을 통해 보완되어야 마땅하다. 그러나 대학입시 위주의 성적지상주의에 매몰된 학교교육에서 시민의 덕목이 길러지기를 기대하는 것은 연목구어나 다름없다. 아울러 가정교육에서 시민정신이 결여된 부모들로부터 시민정신을 교육받는다는 것도 기대할 수 없다. 따라서 지역사회를 변화시키는 시민리더십은 평생교육 차원에서 이루어질 수밖에 없다.

지역사회의 일에 적극적으로 참여하는 주민 육성은 주민의 평생학습을 통한 변화를 통해 가능할 수 있다. 그것은 지역주민들이 평생학습에 참여하는 과정을 통하여 주민들의 지역에 대한 관심이 고양되고, 평생학습의 참여과정이 바로 민주주의를 학습하는 과정이기 때문이다. 또한, 주민들은 지역에서 제공되는 평생교육 프로그램을 통하여 민주주의와 민주시민의식 제고를 위한 내용을 학습할 수 있다.

3) 재정보다 사회의 질이 중요하다

지역공동체를 꾸려 가는 데 있어서 가장 중요한 변수는 충분한 재정을 확보하는 문제이다.

그러므로 자치단체장의 중요임무는 인구를 더 늘리고 새로운 세원을 발굴하며 세출을 합리적으로 관리하여 예산을 절감하는 등 재정확보를 위한 노력을 경주하는 것이다. 그러나 대부분의 자치단체장들이 자신의 임기 동안 가시적인 성과를 보여 주기 위해 건설공사에 치중하고 복지 등 다른 분야에 대한 투자를 소홀히 하는 경우가 허다하다. 더구나 유감스럽게도 그 지역이 갖고 있는 내재적 한계 때문에 지방재정이 획기적으로 좋아지기를 기대하는 것도 분명한 한계가 있다.

그런 의미에서 물질적인 충족보다는 주민들에게 심리적 행복감을 안겨주는 것이 더 현명한 선택일 수도 있다. 그럴 때 우리가 가장 많이 사용하는 지표로 삶의 질을 들 수 있다. 삶의 질 지표는 본래 물질적 풍요 이상의 중요한 삶의 차원이 존재한다는 것을 함의하고 있었으나, 실제 측정과정에서 비이념적이고 중립적 입장에서 사회의 역동성을 제대로 담아내지 못하고, 의도하지 않았던 경제적 변수의 영향이 너무 커 경제기반이 좋은 나라나 도시가 삶의 질이 높게 나타나는 현상을 보인다. 그러나 실제 국가별 행복지수 순위를 조사해 보면 가난한 나라 사람들이 더 행복하다는 결과에 비추어 물질적 풍요 못지않게 정신적 만족감을 반영하는 지표의 개발이 병행되어야 한다. (66쪽 옮김)

반면에 사회자본은 경제적 변수가 커다란 영향을 미치지 못하고 인간관계에 초점이 맞추어져 사회자본이 풍부한 나라나 지역이 경제발전을 가져올 수 있고 지속시킬 수 있다는 인과론을 펼치고 있으나 이 또한 폐쇄적 관점으로 인해 검증결과에 대한 논란이 끊이지 않는 실정이다.

이에 경제에 비중을 두고 있는 삶의 질과 인간관계에 초점을 두고 있는 사회자본의 요소를 적절히 융합하면서 지역사회변화의 성과를 나타낼 수 있는 실용적 지표의 개발이 이루어져야 한다. 따라서 삶의 질 지표와 사회자본 지표의 보완점으로서 사회의 질social quality 개념을 활용한 지표를 검토해 볼 수 있다. 사회의 질이란 개념은 1990년대 중반 이후 유럽연합의 학자들이 사람들의 일상의 삶의 질을 포괄적으로 포착해 내기 위해 제안한 매우 가치부하적 개념으로 '개인의 자아실현과 사회적 맥락에서 구성되는 다양한 집합적 정체성 간의 상시적인 긴장의 함수'이다.

사회의 질은 사회적 관계를 형성하는 토대가 되는 모두 네 가지의 구성요소들로 이루어지는데 자원, 연대감, 접근과 참여, 역능화 등이 포함된다. 이러한 네가지 차원의 지표들을 종합하면 총체적인 사회의 질을 지수화할 수 있는데 사회경제적 안전성socio-economic security, 사회적 응집성social cohesion, 사회적 포용성social inclusion, 사회적 역능성social empowerment 으로 정리할 수 있다. (66쪽 옮김)

이처럼 사회의 질이라는 개념은 삶의 질 지표보다 정교한 이론적 모델과 경험적 지표가 결합되어 있고, 변화하는 조건 속에서 행동하는 주체로서의 개인들의 특성을 포착하려고 한다는 점, 방대한 영역을 포괄하려 하기보다 핵심적인 조건변수들에 초점을 맞추고, 정치적이고 이념적인 차원을 가지며, 사회적 관계의 역동성과 참여가능성을 강조한다는 점이 있다.

이러한 맥락에서 새로운 지방자치단체장은 사회경제적 안전을 확보하기 위해 지역경제활성화를 위한 특화산업을 발굴, 육성하고 사회안전망을 물샐 틈 없이 구축해야 하며 사회적 응집성을 제고하기 위하여 지역정체성을 확인하고 전파하는 시민교육시스템을 가동해야 한다. 나아가 사회적 포용성을 높이기 위해 외래인, 특히 다문화사회에 관대한 똘레랑스 윤리를 갖출 수 있도록 기회를 제공해야 할 뿐 아니라 사회적 역능성을 키워 나가기 위해 자기계발의 기회 및 사회봉사에 참여할 수 있도록 배우며 나누는 평생학습사회를 열어 나가야 한다.

바야흐로 국경 없는 세계화, 개방화가 가속화되고 있다. 특히 정보통신의 발달, 교통수송의 발달, 국제무역 확대, 도시화의 진전에 따라 생활권역의 확대 및 변화, 규모의 경제 및 범위의 경제 확보 등에서 거대 지역경제권이 대두되었다. 세계경제는 글로벌자본과 기업의 자유로운 이동으로 국경의 의미가 퇴색되고 대신 지역과 지역이 직접 경쟁하는 체제로 전환되었다. 이제 새로운 자치단체장은 자기지역의 경쟁력을 확보하기 위하여 발상의 전환을 통해 물적 자본이 아니라 인적 자본과 사회자본의 확대를 도모하는 전략적 대응이 절실하다.

짐 론

리더가 되고싶다면,

강해지되 무례하지 않아야 하고,

친절하되 약하지 않아야 하며,

담대하되 남을 괴롭히지 않고,

사려가 깊되 게으르지 않고,

겸손하되 소심하지 않고,

자신감을 갖되 거만하지 않고,

유머를 갖되 어리석지 않아야 한다.

함께하는 공동체의 행복공식

공공리더의 디지털리더십

디지털 리더십은 디지털을 수용하고 이해하고 디지털 조직을 이끌어 갈 수 있는 리더십이다.

디지털 리더십은 보다 구체적으로 네트워크 리더십, 차세대 리더십, 지식경영리더십, 혁신지향 리더십을 갖춘 리더십이다. 이러한 리더십을 갖춘 리더가 진정한 디지털 리더십의 소유자이다.

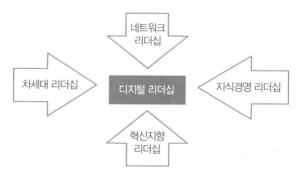

[그림 10-1] 디지털 리더십의 내용

1) 네트워크 리더십

디지털 리더는 무엇보다도 디지털 기술의 혁명에 대해 익숙하고 디지털 기술을 어느 정도 습득한 리더여야 한다. 디지털 리더들은 정보통신기술에 대해 어느 정도 알아야 하며, 첨단기술을 어느 정도 활용할 수 있는 능력을 갖추어야 한다.

물론 정보통신기술의 전문가는 아니지만, 정보통신기술에 대해서 전문가들과 막힘없이 대화를 나눌 수 있는 정도의 기본적인 지식을 갖추고 있을 필요가 있다. 또한 새롭게 부상하는 기술이나 지식을 효과적이고 빠르게 구성원들과 공유하고 확산할 수 있는 능력을 갖출 필요가 있다.

최근에 매일경제신문사가 디지털 시대를 활성화하기 위한 '디지털 시민평가 모델'은 디지털 리더가 갖추어야 할 네트워크 리더십을 거의 포함하고 있다. 좀 더 구체적으로 그 내용을 살펴보면 다음과 같다.

- 전자메일 활용도
- 인터넷 이용 시간
- 인터넷을 통한 정보취득 정도
- 전자상거래, 사이버 트레이딩, 인터넷 뱅킹 이용 정도
- 인터넷 관련 강의, 세미나 참여 경험
- 사이버 동호회 회원 활동
- 유무선 초고속 인터넷 환경 구비
- 개인 홈페이지 운영
- 인터넷 사이트에 의견 개진
- 인터넷을 통한 문화생활

함께하는 공동체의 행복공식

네트워크 리더십은 무엇보다도 디지털 마인드로 무장되어야 한다. 디지털화로 인한 정부의 전달방식 차이가 사회의 구조, 문화까지 깊숙이 변화시키고 있다. 디지털 마인드를 체화하지 못하면 많은 시행착오를 겪게 된다.

디지털 마인드는 우선 속도를 중요시한다. 디지털 시대에는 새로운 아이디어로 시장을 선점하는 것이 필수적이고, 계속적인 개선을 통해 변화를 주도하는 자만이 살아남는다. 속도전에서 살아남기 위해서는 조직 구조 및 의사결정이 빠르게 이루어져야 하기 때문에 조직이 유연해져야 한다.

네트워크 리더는 또한 인적 네트워크, 업무 네트워크, 통신 네트워크를 적극적으로 활용하는 리더이다. 인적 네트워크는 인맥을 지적 네트워크로 활용하는 능력이다. 인맥이 포진해 있는 지적 네트워크는 지식정보사회에서 무엇보다도 귀중한 자산이다. 업무 네트워크는 일을 통한 인연이 서로 얽힌 네트워크 능력이다. 업무 네트워크가 광범위하게 형성되면 돌발 상황에 부닥쳐도 업무를 안정적으로 처리할 수 있다. 일 중심으로 생각하는 사람과 인연 중심으로 생각하는 사람은 그 폭과 깊이에 있어서 많은 차이가 있다.

통신 네트워크는 인터넷, 근거리통신망, 무선통신 등을 포함한 개념이다. 사람들의 네트워크 관계는 1:1이지만 인터넷상의 관계는 무제한이다. 무제한의 네트워크를 타고 시간, 거리, 국경을 넘어섬으로써 무한한 네트워크를 구성할 수 있다.

"나는 할 수 없습니다."라고 말하는 사람이

성취할 수 있는 아무것도 없지만,

"나는 도전해 보겠습니다."라고 말하는 사람은

불가사의한 일까지도 해낸다.

2) 차세대 리더십

차세대리더십은 디지털 사회의 변화를 이해하고 전통적 리더십과 다른 차세대를 이끌어갈 리더십이다.

디지털 시대에서는 관리의 패러다임이 공급자 중심에서 수용자 중심으로, 수평적 관리에서 네트워크형 관리로, 기능지향적 관리에서 과정지향적 관리로, 경쟁지향적 관리에서 협동지향적 관리로, 규제 중심에서 서비스 중심으로 바뀌게 된다.

또한 기존의 가치사슬이 인터넷과 정보기술에 의해 새로운 가치사슬로 대체되고 있고, 치열한 경쟁 속에서 경영 환경은 한 치 앞을 내다볼 수 없을 만큼 혼란한 상황이다. 기존의 관리적 리더는 종언을 고하고 이제는 새로운 시대를 일구어 낼 수 있는 새로운 리더가 필요한 때이다.

차세대 리더십은 최고의 능력best practices을 추구한다. GE의 웰치 회장은 GE의 사업 부문 중 시장에서 1등이나 2등의 위치를 확보하지 못한 사업은 과감히 정리했다. 산업사회에서처럼 기존의 제품이나 서비스를 조금씩 개선하는 것만 가지고는 경쟁력을 유지할 수 없다. 디지털 시대에서는 정보가 빠르게 확산되기 때문에 누가 최고인가에 대한 평가가 빠르게 이루어진다.

21세기에는 파트너십partnership이 중요한 키워드가 될 것이다. 지금까지 정부, 기업, 시민단체 등은 서로 대립하는 관계에 있었다. 정부와 시장은 각각 서로의 영역을 설정하고 갈등하면서 균형을 유지했다. 최근에 들어와서 시민단체들은 정부와 시장을 동시에 비판하면서 독자적인 역할을 하고 있다.

그러나 이러한 모습은 사라지고 디지털 시대에서는 네트워크 기술에 기반하여 서로 물리적으로 연결될 뿐만 아니라, 업무처리도 공동으로 수행할 수밖에 없다. 차세대 리더는 바로 이러한 파트너십을 잘 엮는 리더가 되어야 한다.

디지털 사회로 진입하면서 리더십의 개념이 권위의 행사에서 서비스로 변화되었다. 고객을 위한 서비스를 개발하여 고객을 감동시키는 것이 최고의 경영이 되었다. 디지털 기술은 지금까지 재래식으로 제공하던 서비스의 개념을 근본적으로 바꾸었다. 가령 정부에서 민원을 처리할 때 과거에는 해당 행정기관에 직접 가서 민원을 처리했는데, 지금은 인터넷으로 민원처리를 할 수 있다. 차세대 리더는 이처럼 디지털 혁명이 가져다주는 기제들을 잘 활용하여 서비스를 극대화하도록 하는 능력을 갖추어야 한다.

차세대 리더는 의사소통 능력을 갖추어야 한다. 특히 국제적 감각을 가진 의사소통 능력을 갖추어야 하는데, 이는 현재 국제적 공통 언어인 영어에 능통해야 한다는 것이다. 이미 인터넷에서 제공되는 대부분의 정보는 영어로 작성되어 있다.

인터넷을 활용하여 정보와 지식을 얻으려면 어느 정도의 영어 실력을 갖추어야 한다. 그리고 세계 최고의 경쟁력과 기술을 습득하기 위해서라도 외국어를 구사할 수 있어야 한다.

서울대 공공리더십과정 대전출범식

3) 지식경영 리더십

디지털 시대에는 지식과 정보가 지배하는 사회이다. 따라서 디지털 시대의 지도자는 지식경영 리더로서 지식에 대한 올바른 이해를 바탕으로

함께하는 공동체의 행복공식

지식사회의 초석을 다지고 이끌어 가는 역할을 담당해야 한다.

이를 위해서 리더는 지식경영을 실천하는 데 앞장서고 본인 스스로 지식근로자로 변신하기 위한 노력을 하고, 동시에 부하직원들이 지식근로자로 성장하고 발전할 수 있도록 최선을 다해야 한다.

영국의 런던비즈니스 스쿨의 '최고지식경영자 보고서'에 따르면 최고지식경영자의 역할을 4가지로 요약했다.

첫째, 최고지식경영자는 사업가적 본능과 능력을 갖추고 있어야 한다는 것이다. 최고지식경영자들은 '자신이 무엇인가 새로운 일을 착수하는 개척자의 임무를 갖고 있다'고 생각해야 한다. 즉, 새로운 비즈니스를 개발하고 자발적으로 수행할 수 있는 자질을 갖추어야 한다. 또한 최고지식경영자는 장기적인 비전을 가지고 남들이 생각할 수 없는 사업의 큰 그림을 그려야 한다.

둘째, 신뢰를 바탕으로 한 컨설턴트의 역할을 수행해야 한다. 훌륭한 최고지식경영자는 사업가적 기질을 의미하는 비전과 추진력을 바탕으로 조직 내 직원과 도구를 효과적으로 다룰 수 있는 능력을 갖추어야 한다. 이를 위해서는 구성원들과의 신뢰를 쌓아야 한다. 많은 구성원은 지도자의 맹목적인 권위보다는 실질적인 영향력을 따르기 때문이다.

오케스트라의 지휘자처럼 실력과 존경을 바탕으로 단원과 관객의 시선을 한 몸에 받을 수 있어야 한다.

셋째, 조직이 효과적으로 지식경영을 수행하기 위해서는 개개인이 가지고 있는 암묵지를 남들과 공유할 수 있는 형식지로 바꿀 수 있는 첨단 정보기술 장비를 갖추는 것이 필요하다. 최고지식경영자들은 인터넷의 사용을 구성원 이상으로 사용할 줄 알아야 한다. 또한 지식관리시스템 등

정보시스템의 추세와 동향 등을 파악하여 조직의 지식관리에 적극적으로 활용할 수 있는 능력을 갖추어야 한다.

넷째, 지식경영이 제대로 수행되려면 주변 환경을 잘 활용할 줄 알아야 된다. 자신을 둘러싸고 있는 사회적 환경을 제대로 인식한다는 것은 효과적인 지식 창출과 공유에 매우 필요한 능력이다. 가령 조직 내의 고유문화를 잘 인식하여 이에 걸 맞는 지식경영의 틀을 만들어내는 것 등이 여기에 포함된다.

지식사회는 정보사회와 맥락을 같이 하지만 근원적으로 다르다. 정보화 사회는 인간의 창조 능력보다는 정보기술이 사회변화의 추진력이라고 파악하는 반면에, 지식사회는 정보기술의 발달로 폭증하는 다양한 정보의 가치를 지식 속으로 평가, 판단하는 인간을 변화 추진의 원동력으로 파악한다. 따라서 정보화 사회에서의 인간은 정보를 수동적으로 받아들이는 소극적 입장을 취할 수밖에 없었지만, 지식사회에서의 인간은 급변하는 환경변화를 적극적으로 해석하고 가치를 부여하는 능동적인 학습 주체로 부각된다.

급변하는 환경에 조직이 유연하게 대응하기 위해 필요한 것은 조직 내에 축적된 정보가 아니라 인간의 주관적 가치판단과 창조적 고뇌가 내재되어 있는 역동적 지식이다.

지식경영은 근본적으로 최고 경영층의 리더십에 의해서만 완성될 수 있다. 조직 전체적으로 모든 구성원에게 지식경영의 중요성에 대한 메시지를 전달하기 위해 최고경영층은 리더십을 발휘해야 한다. 지식경영이 성공적으로 추진되는 데 요구되는 지도자의 역량을 정리하면 다음과 같다.

- 지식경영에 대한 최고 경영층의 책임

- 지식경영의 필요성 지각

- 지식경영의 비전 제시

- 지식경영의 과제선정

- 지식경영의 스폰서로서 역할

- 지식경영의 전도사

- 정보기술, 데이터베이스 등 인프라의 공유

- 지식경영에 대한 자금의 지원

4) 혁신지향 리더십

오늘날은 한마디로 말해서 '변화의 시대'이다. 지금 우리는 과거 어느 때보다도 비교할 수 없을 정도로 본질과 양상, 그리고 속도 측면에서 과거와 다르게 많은 변화를 경험하고 있다.

이제 '확실성의 세계'는 지나갔고, '불확실성의 세계'에서 살고 있다. 디지털 시대에서는 '파괴와 창조'의 논리로 불확실성에 대응해야 한다. 그렇기 때문에 새로운 차원의 혁신 지향적 리더십이 요구되는 것이다.

디지털시대에 살아남기 위해서는 'I'가 중요하다. 여기에는 Innovation, Internet, Idea, Intelligence, Identity, Interdisciplinary 등이 포함된다. 혁신은 기존의 업무처리 방식, 생산방식, 서비스방식 등을 근본적으로 바꾸는 것이다. 다시 말해서 기존의 틀을 깨는 작업이다.

혁신을 위해 가장 중요한 것이 아이디어의 창출이다. 지식정보사회에서는 아이디어 자체가 가장 중요한 생산요소이다. 혁신과 생산적인 아이디어를 내기 위해서는 기존의 틀에 얽매이지 않는 창의적인 개성을 존중하는 것이 필요하다. 이렇게 보라고 강요할 것이 아니라 거꾸로 보는 것도 인정하고, 모로 보는 것도 존중하는 자세가 필요하다.

지도자는 새로운 가치를 창조할 수 있어야 한다. 가치와 시대가 바뀌면 리더도 바뀌어야 한다. 한 사회가, 시대가 문화가치에 맞지 않는 리더를 유지하는 데 소요되는 비용은 매우 크다. 올바른 후대 리더들이 자라날 수 없으며 조직이나 나라발전의 기회도 상실되고 만다. 리더는 가치를 대변할 뿐만 아니라 경쟁력 있는 가치를 창출해 내야 한다.

혁신지향 리더십은 또한 끊임없이 학습하는 리더십이다. 자신이 하고 싶은 분야, 자신이 전문 분야로 선택한 분야에서 이미 탁월한 재능과 성과를 보여주고 있는 역할 모델을 선정하고, 그가 어떤 방법으로 자신의 존재 가치를 높여 나갔는가를 철저히 분석한 후에 역할모델과 자신 간의 격차를 좁힐 수 있는 전략적 대안을 수립하여 그에 따른 행동방안들을 반복적으로 수행할 필요가 있다.

지도자를 잘 만나는 것도 복이다

어떤 자질을 갖춘 지도자가 좋은 지도자인가? 굳이 서양의 이론을 빌릴 필요 없이 동양의 관점에서 바라보자. 우선 동양에선 지도자란 신언서판身言書判이 갖추어져 있어야 한다고 보았다.

첫째는 건강해야 한다.

우선 신체적으로 건강하고 키는 작아도 다부진 체격을 가진 사람에게서 카리스마를 느끼게 된다. 지도자가 매일 매일 부닥치는 엄청난 양의 업무를 소화해 내고 수많은 사람을 접견하기 위해서는 뛰어난 에너지가 필요하다.

대부분의 지도자는 건강을 타고 나기도 하지만 평소 꾸준한 관리를 통해 체력을 유지하는 경우도 많다. 그만큼 건강에 관한 한 자기관리가 중요하다는 이야기다.

둘째로 말을 잘해야 한다.

말을 잘한다는 것은 유창하기보다는, 약간 어눌해도 진정성이 담겨있고, 상대를 설득할 수 있는 논리와 능력을 갖추고 있는가를 말한다. 물론 맑은 음색과 뚜렷한 방향성이 담긴 웅변가라면, 더 말할 나위 없겠지만 입 안에서 맴도는 듯한 언변으로는 상대를 감동시킬 수도 설득할 수도 없다.

셋째는 글을 잘 지을 줄 알아야 한다.

물론 옛날에는 서체를 보고 그 사람의 인품을 가늠했던 적도 있다. 글씨체가 지렁이 기어가듯 알아보기 힘든 경우 그 사람의 인성이 바르지 못하다는 평가를 내려 왔다. 그러나 오늘날 컴퓨터 시대에 서체를 갖고 평가하기는 어렵고 문장이 문법에 맞고 논리적으로 잘 구성되어져 있는가를 살필 일이다. 그가 쓴 글들에서 그의 인격과 사상의 편린을 엿볼 수 있다. 왜냐하면 말과 글은 그의 사상의 외표이기 때문이다.

넷째는 판단력이 매우 중요하다.

지도자는 여러 형태의 수많은 선택과 마주한다. 선택의 갈림길에서 올바른 판단을 내리고 특정의 대안을 선택한다는 것은 그의 통찰력이 뒷받침되지 않으면 어렵다.

물론 통찰력은 선험적으로 형성되기도 하지만 아마도 후천적인 경험과 학습을 통해 형성된다고 보아야 할 것이다. 그만큼 다양한 경험과 부딪치고 어려운 환경을 이겨낸 사람들에게서 빛나는 통찰력을 발견할 수 있다.

함께하는 공동체의 행복공식

노자는 지도자에는 3가지 유형이 있다고 하였다.

첫째, 으뜸의 지도자太上는 있어도 존재 자체를 백성들이 모르는不知有之 경우라고 말한다. 아마도 요임금 같은 성군을 이르는 것 같다. 요임금이 한번은 저잣거리를 암행한 적이 있었다. 백성들이 배를 두드리며 즐겁게 사는 모습을 보고 내가 정사를 잘 펼쳤다는 사실에 자부심을 갖고 백성들에게 지금 이 나라를 다스리는 이가 누구냐고 물었다. 그러나 백성들은 지도자가 누구인지도 모른 채 태평성대를 구가하고 있다는 사실이었다. 괘씸한 생각이 들었으나 한편 얼마나 세상 걱정 없이 살고 있으면 지도자를 잊고 살겠는가 하는 대목에서 흡족해했다는 이야기가 전해 온다.

둘째, 보통의 지도자는 아랫사람들과 친하게 지내며 그들로부터 칭찬을 받는親而譽之 지도자를 말한다. 아랫사람들과 격의 없이 지내며 결재하는 과정에서 부하들을 격려하고 칭찬을 잘하는 지도자를 말한다.

셋째, 등급은 '지도자를 두려워하는畏之 경우'를 말한다.

지도자를 존경해서가 아니라 혼나는 게 무서워서 따를 뿐이고 앞에서만 복종하는 모습을 보인다. 심지어 비인격적이고 군림하는 모습에서 인간적 배신감을 느끼기도 한다. 그런 지도자는 떠나고 나면 길거리에서 다시 마주치고 싶지도 않고 만나도 인사 조차 않는 경우가 허다하다.

넷째, 최악의 지도자는 부하로부터 업신여김을 당하는侮之 경우이다. 부하들이 그를 지도자로 인정하지도 않고 심지어는 조롱거리의 대상이 되는 지도자를 말한다. 오로지 자기 이익만 챙기고 조직의 비전과 구성원의 발전에 전혀 관심이 없을 뿐 아니라 무능해서 조직의 이미지를 훼손하는 사람을 말한다.

공자는 지도자의 유형을 크게 둘로 나눠 군자와 같은 리더가 있는가 하면 소인배와 같은 리더도 있다고 경고한다.

군자의 리더는 화이부동和而不同 즉, 서로 생각이 달라도 전체의 가치실현을 위해 협력하고 논란거리가 있어도 품위矜를 잃지 않고 논쟁을 전개하며 어떠한 위급상황 아래에서도 태연자약泰하며 무리群를 지어 어울리기를 좋아하는 사람을 말한다.

반면에 소인배의 리더는 동이불화同而不和하여 겉으로는 수긍하는 것처럼 보이고도 뒤에서는 발목을 잡고 분란을 조장하는가 하면 최소한의 예의도 갖추지 않은 채 다투기爭를 좋아하고 평소에 교만驕하다가 어려운 상황이 도래하면 맨 먼저 살길을 찾고 패거리黨를 지어 대립하기를 좋아하는 리더를 말한다. 이런 소인배의 리더를 만난 구성원은 하루하루가 불안할 수밖에 없다. 그래서 지도자를 잘 만나는 것도 그 사람의 복이다.

과연 우리가 따르는 국가나 지역사회의 지도자는 신언서판이 뚜렷하고 최소한 2등급 이상은 유지하며 군자의 리더십을 지니고 있는가 돌아볼 일이다.

노자

함께하는 공동체의 행복공식

제8장

행복한 공동체를
위한 평생학습

평생학습의 비전,
배워서 남 주자!

대전은 교육과학기술부 공모사업인 '평생교육 실천역량강화사업'에 시범도시로 선정되는 영예를 안았다. 이 사업은 두 개의 시도를 선정하여 국비를 지원함으로써 광역자치단체의 평생교육을 진흥할 목적으로 추진되었다.

물론 대전이 시범도시로 선정된 데에는 지난 10여 년간 꾸준히 평생교육 분야의 자산을 쌓아 왔기 때문이다. 대전이 우리나라 평생학습의 메카라는 증좌가 여럿 있다. 교육과학기술부가 2001년에 3개 지자체를 평생학습도시로 선정했었고 그때 유성구가 최초의 평생학습도시 중 하나로 탄생하였다.

2003년 10월에는 엑스포과학공원에서 제2회 전국평생학습축제가 열

함께하는 공동체의 행복공식

려 15만 명의 전국 평생학습인들이 대전을 찾아 각자의 역량을 뽐낸 바 있다. 제1회 전국 축제가 2001년에 천안에서 개최되고 나서 평생학습축제가 중단위기에 빠져 있던 상황에서 대전이 전국평생학습축제를 적극 유치하여 전국 축제를 부활시키는 데 결정적인 기여를 했었다. 그러한 평생학습의 역사적 자산이 있기에 대덕구가 2007년에 평생학습도시로 선정되었고, 동구, 중구, 서구도 평생학습도시사업을 열심히 펼치고 있다. 이처럼 대전의 5개 구 모두가 평생학습도시를 지향하고 있다는 사실은 대전이라는 광역자치단체 자체가 평생학습도시라는 사실을 의미하는 것이다.

민선 5기 대전광역시는 평생학습진흥원을 설립하여 대전 시민 모두가 평생학습을 통해 행복하고 사회의 질이 높은 삶을 영위할 수 있도록 뒷받침하겠다는 공약을 내걸었고, 전국 최초로 지방차원의 평생교육진흥원을 설립하였었다.

대전평생교육진흥원은 대전평생교육의 비전과 전략을 수립하여 시민의 삶의 질 향상은 물론 시민의식과 직업능력을 제고하였다. 특히 대전지역의 특성에 부합하는 인적자원 개발계획을 수립하여 학교 교육은 물론 비정규 교육과정에 그 특성을 반영하는 인적자원개발을 하고 있다.

대전은 다른 도시와 달리 고급 유휴 여성인력이 풍부해 그들을 위한 자원봉사와 여성친화적 일자리 창출을 도모하고 있다. 또한 고령화 시대에 부응하는 노인의 여가 활용과 취업을 위한 프로그램개발도 하고 있다.

평생교육진흥원은 대전지역대학의 경쟁력을 높이기 위한 연합교양 대학을 운영해 대학생들의 인성과 지성의 조화를 통한 대전형 인재를 길러내어 취업에 유리한 조건을 갖추게 하는 역할을 하고 있다. 그뿐이 아니라 평생교육진흥원은 교육청과 자치단체에 나누어져 있는 평생교육 행정체제를 일원화하고 기관 간의 네트워크를 구축해 강사의 질적 관리 임무를 수행하고 있다.

이처럼 평생교육은 학습, 노동, 복지의 연계 선상에서 매우 중요한 독립변수의 역할을 수행하고 있다. 사람들은 학습을 통해 생활을 영위하기 위한 일자리를 얻고 삶의 질 향상을 위해 복지혜택을 누리게 된다. 옛날만해도 학습이 '배워서 남 주나?'라는 자아 지향성을 강조했다면 오늘날은 '배워서 남 주자!'라는 타자 지향성을 추구하고 있다.

평생학습인들은 21세기 지식정보화시대에 뒤떨어지지 않기 위해 끊임없이 새로운 지식과 정보를 획득하고 이를 사회에 환원한다는 의미에서 '배우고 즐기며 나누는 행복한 삶'을 추구하고 있다고 보아야 할 것이다.

다시 말해서 평생 학습하는 사람들은 어린아이들처럼 순수하고 배움과 나눔이 일상화되어 있는 사람들이라 인간미가 느껴져서 좋다. 사람이 꽃보다 아름답다는 표현은 아마도 평생학습인들을 두고 하는 말 같다. 또한, 평생학습인들은 나이를 먹으면 늙는 게 아니라 익어간다는 사실을 보여주는 사람들이라고 생각한다.

한마디로 그들과 함께 있을 때 기쁨이 샘솟는 느낌을 갖게 된다. 바로 이들을 뒷받침할 평생교육진흥원의 영문약자가 NILE인데 나일강이 아프리카의 삭막한 사막에 생명이 움틀 수 있는 자양분을 공급하듯이 평생교육진흥원이 지역사회에 신선한 영양분을 공급해주길 바란다.

그래서 21세기 창조사회에 부응하는 인적자원 개발을 통해 국가와 지역경쟁력을 확보하는 데 큰 역할을 해주길 기대한다. 이때 인적자원 개발의 방향은 인적자본과 사회자본이 조화를 이룰 수 있도록 디자인되어야 하며 특히 사회통합을 위한 평생교육 프로그램의 활성화가 절실하다.

특히 정부가 평생학습조성정책의 성과에 대해 너무 조급한 나머지 자꾸 경제적 성과를 파악하려고 든다. 이제는 지역발전의 지표로 삶의 질을 뛰어 넘어 사회의 질social quality을 고려하는 노력이 중요할 것이다.

사회의 질이란 경제적 변수에 의해 크게 좌우되는 삶의 질이나 인간관계에 의해 영향을 많이 받는 사회자본의 요소를 적절히 융합하는 개념으로써 평생학습도시조성정책의 목표가 되어야 한다.

시민행복을 위한
평생교육정책의 비전

세상은 혼자 살아갈 수 없고 더불어 살아가야 한다는 것을 아는 것이 영성을 깨닫는 것이다. 세상은 유기체적 관계에 놓여 있어 다른 사람은 물론 자연과도 따로 떼어 생각할 수 없다. 다른 사람이나 자연이 아프면 나도 아프게 마련이다.

그런 의미에서 스펜서 존슨Spencer Johnson의 행복 찾기는 시사하는 바가 크다. 존슨은 행복의 길을 나, 너, 우리 속에서 찾아내고 있는데 내가 행복하기 위해서라도 이웃이 행복해야 하고 그를 위해 나를 내놓아야 한다.

물질과 정신, 신체와 정서가 조화를 이루어야 하듯 경제자본과 사회자본이 조화를 이루는 도시공동체를 건설하는 것이 지역공동체 행복의 비결이다. 물론 지역공동체마다 조건이 다를 수 있기 때문에 두 자본을 동시에 형성하기 위한 전략은 차별적일 수밖에 없다. 그러나 경제자본이 풍

함께하는 공동체의 행복공식

부한 지역이든 빈약한 지역이든 사회자본형성에 더 큰 노력을 기울여야 한다는 사실은 공통적인 현상이다.

그 이유는 경제자본이 풍부한 지역은 상대적으로 소홀하기 쉬운 사회자본 형성을 통해 품격있는 도시공동체를 만들어 가야 하고 경제자본형성에 어려운 조건을 갖고 있는 지역에서는 그나마 지역주민들에게 정신적 행복감을 안겨주기 위해서라도 사회자본 형성이 가장 손쉬운 해결책이 될 수 있다.

물론 행복은 어느 정도의 물질이 뒷받침되면 금상첨화이겠지만 결코 물질이 전부가 아니라는 사실을 여러 나라의 사례에서 살펴본 것처럼 오늘날 저성장사회에서의 행복증진의 전략은 아무래도 사회자본형성에서 찾아야 할 듯싶다.

이때 사회자본은 사람의 문제이기 때문에 사회자본형성은 도시공동체를 구성하는 주체들의 역량을 키우는 일이 전제되어야 한다. 시민과 공무원, 그리고 공동체의 지도자들이 제 역할을 다할 수 있도록 역량을 함께 키워 주는 일일 것이다.

참고로 시민행복을 위한 평생교육정책의 비전은 앞에서 나온 내용을 바탕으로 평생교육기관에 제안한 내용이라 앞의 내용이 반복되는 점을 이해해 주기 바란다.

이상의 내용을 표로 정리하면 다음과 같다.

〈표 8-1〉 도시공동체행복의 비전

구분	내용
비전	● 나와 너, 우리 모두 행복한 공동체
목표	● 물질돈, 건강, 안전, 친구과 비물질자존감, 학습, 봉사, 영성의 조화와 균형
전략	● 공동체구성원의 평생학습
실행 계획	● 시민교육, 공직가치, 공공리더십 프로그램개발 및 운영 ● 건강, 안전, 자존감, 자원봉사, 재테크 등 프로그램 운영

함께하는 공동체의 행복공식

행복한 도시공동체건설의 방향

진정으로 행복한 지역공동체는 평생학습을 통한 주체들의 역량 강화와 행복증진요소들을 향상시키는 정책을 펼칠 때 가능하다.

평생학습도시는 학습사회와 평생교육의 이념에 기초하여, 기존의 교육 제도와 관행의 한계를 극복하고 지역사회에서의 다양한 교육적 요구와 필요에 적극적으로 부응하기 위한 새로운 교육 공급의 틀, 평생학습의 촉진 체계를 구축하는 데 주안점을 두고 있다.

따라서 평생학습도시란 개인의 성장을 촉진하고, 사회 통합을 유지하며, 번영하기 위해 시민 모두의 잠재력을 풍부히 개발하기 위해 자체의 모든 자원들을 동원하는 도시, 마을, 지역이다.

진정으로 행복한 도시공동체는 깨어 있는 시민과 명예로운 공직자, 그리고 앞서 헌신하는 공동체 지도자들이 존재할 때 가능하다.

1) 깨어 있는 시민

도시공동체의 행복은 도시공동체의 주인인 시민들이 먼저 깨어 있어야 가능하다. 만약에 시민들이 자신의 생계 걱정에 매몰되거나 자신만의 이기심충족에 안주해 버리면 그런 사회는 시민이 주인이 아니고 정치지도자들이 군림하는 중우정치가 가능해진다.

중우정치가 판치는 사회에서의 시민은 조작의 대상이고 한낱 노예에 불과하다. 정치지도자들은 자신들의 기득권을 지켜나가기 위해 시민들이 계속 미의식의 세계에 머물기 바라고 적당히 갈등을 조장하면서 헛된 꿈에 매달려 인생을 소비하게 만든다.

이런 헛된 꿈을 깨뜨리고 시민의식을 높이기 위해서는 우리 사회가 지향해야 할 목표에 대한 합의와 시민성의 회복, 그리고 시민교육의 방법들에 대한 진지한 고뇌가 수반되어야 한다. 즉 우리가 추구하는 행복한 사회는 무엇이며, 행복한 사회실현을 위해서 필요한 행정에서의 시민성에 대한 고찰과 행복한 사회형성을 위해 필요한 시민리더십의 내용과 이를 제고하기 위한 교육프로그램 개발의 방향을 제시해야 한다.

이때 시민리더십은 '한 국가의 주인으로서 책임있는 행동을 솔선하여 실천하는 능력, 혹은 그러한 행동들'을 총칭하는 개념이며, 앞으로 우리 사회가 민주공동체로 발전하는 데 있어 매우 절실한 부분이다. 시민리더십의 함양은 지역공동체를 향한 시민참여를 높이고 역할의 적극적인 활용을 통해 시민과 시민사회단체, 지방의회의 바람직한 파트너십 구축을 가능하게 하여 민주공동체를 이끌 수 있는 원천이 된다.

2) 명예로운 공직자

공무원은 공공성을 확보하기 위해 존재한다. 더 나아가 공무원은 공적 가치를 창출한다. 공적 가치는 서비스 제공을 통해서 생산된 가치, 또는 서비스를 공정하게 공급함으로써 창조되는 가치, 시민들에게 유익한 사회적 결과를 제공함으로써 창조되는 가치, 정부에 대한 시민의 신뢰와 정당성이 생김으로써 창조되는 가치이다.

따라서 공직가치가 확고해야 공공성과 공적 가치의 창출이 가능하다. 사실 사람이 무리를 지어 사는 곳에는 반드시 공동의 문제가 발생한다. 그러한 공동의 문제를 공정하게 처리하고 해결하기 위해 권위가 필요하다.

물론 그 권위는 모든 구성원으로부터 나오는 것이지만 국가에 위임된다. 그래서 권위를 위임받은 국가는 정부를 통해서 공직가치의 바탕 위에서 공공성을 확보하고 공적 가치를 창출하게 된다.

그런데 언제부터인가 우리 사회에 공공성이 희미해지고 공직가치가 크게 흔들리고 있다. 아마도 공공성이 퇴색한 것은 산업화 과정에서의 지나친 공권력의 작용에 대한 반작용의 산물이라고 할 수 있다. 그리고 공직가치의 상실은 IMF 경제위기 이후 우리 사회에 불어 닥친 민간경영 기법들의 정부 침투현상이 공직가치에 혼돈을 주고 공직가치를 약화시킨 요인이라고 볼 수 있다.

바로 여기에 공직자들이 봉사할 궁극적 대상자가 누구인지를 준별하고 시대의 상황에 부응하는 공직가치를 재정립하지 않으면 안 되는 이유가 버티고 있다.

3) 헌신하는 공공리더십

공공公共의 개념은 사마천의 사기에서 등장하는데 임금이 신하나 백성과 함께 공통의 관심사에 대해 대화하고 이를 해결하기 위해 공동으로 새로운 방안을 찾는 과정이라고 규정한다. 임금이 절대권력을 바탕으로 권력을 일방적으로 행사한다면 공공성은 훼손된다는 것이다.

지금으로 바꾸어 말한다면 거버넌스, 즉 민관 협치의 중요성을 언급한 듯하다. 특히 공적 영역과 사적 영역과는 다른 별개의 영역을 공공으로 설정한 것은 공적 영역이 추구하는 공익과 사적 영역이 추구하는 사익을 조화하는 가치를 공공으로 여긴다는 점이다. 자유주의가 지향하는 나 중심의 사고와 국가주의가 지향하는 너와 우리라는 사고의 틀을 벗어나 우리를 강조하는 공동체주의와 맞닿아 있기도 하다.

공공이란 우리말에 다사리와 같은 개념이라고도 한다. 다사리는 모두를 살린다, 또는 모두가 함께 행복하다는 의미가 담겨있다는 것이다. 그래서 그는 함께 행복하다는 의미를 갖고 있는 공복共福이라는 단어를 사용하고 있다. 따라서 공공성을 확립하기 위한 시정관리의 핵심은 시민들로 하여금 공동의 이해관계를 표명하고 충족하도록 도와주는 노 젓기와 같은 서비스에 머물러야 한다는 말이다. (205쪽 옮김)

오늘날 거버넌스 시대에 공공성을 실현할 민관을 떠나 공공리더십이 절실하고 그들의 덕목은 시대의 변화를 앞서 읽고 지역공동체에 비전을 제시하며 지역사회와 구성원을 바람직한 방향으로 이끌 수 있는 변혁적 리더십을 소유해야 한다.

함께하는 공동체의 행복공식

이처럼 도시공동체의 세 주체인 시민과 공무원, 그리고 지도자는 각자의 역할에 걸맞는 자질과 의무를 이행해야 행복한 도시공동체를 만들어 갈 수 있다. 즉 도시의 평생학습체제구축을 통해 깨어 있는 시민의식과 공공성을 실현할 수 있는 공직가치를 확립하고 이 모두를 아우르는 공공리더십을 함양해야 사회적 자본이 뿌리를 내려 경제적 자본과 더불어 균형을 이루게 된다

고디

이 지구상에는 세 부류의 사람들이 살고 있는데,

첫째는 어떻게 돌아가는 지 모르면서 사는 사람들,

두 번째는 방관하면서 사는 사람들,

그리고 창조하면서 사는 사람들이다.

평생교육을 통한
시민행복증진프로그램

1) 건강프로그램

옛날부터 돈보다 명예보다 더 소중한 게 건강이라고 회자되어 왔다. 그야말로 인생에 있어서 건강이 최고요 행복의 원천이다. 따라서 지방정부는 건강이 모든 지역주민의 관심사가 되고 시민들의 건강을 유지하고 증진하기 위해서 건강도시정책을 추진해야 한다.

WHO는 '건강 도시란 물리적 환경과 사회적 환경을 지속적으로 개선하고 창출하며, 지역사회의 자원을 증대시켜 개인의 능력을 충분히 발휘하고 잠재능력을 최대한 개발하는데 사람들이 서로 돕게 할 수 있는 도시'라고 정의를 내렸다.

이러한 정의에 바탕을 두고 지방정부는 모든 지역발전의 방향과 모든 관련된 부문교육, 주택, 공공사업, 의사소통 등에서 건강을 예방하고 증진하는 일에 앞장서야 한다. 이처럼 건강이 무엇보다 최고라고 말한다.

그만큼 건강은 행복과 쌍방향적 관계에 놓여 있다. 건강이 행복에 기여하고 행복이 또한 건강에 기여한다. 우리의 신체적 건강 상태는 우리의 행복 수준에 영향을 미친다. 질병과 상해는 통증과 고통을 초래하고 즐겁고 신나는 활동을 할 수 있는 기회를 빼앗는다. 이런 까닭에 질병은 부정적 정서를 증가시키고 긍정적 정서를 감소시킬 수 있다.

정신건강도 행복에 강력한 영향을 미친다. 행복한 사람들은 그렇지 않은 사람들보다 더 낮은 수준의 정신질환 현상을 보인다. 대부분 정신장애에서 나타나는 심리적 고통, 부정적 정서, 불안 등이 높아지는 것은 삶의 만족도를 낮추고 개인적 행복감을 부족하게 만든다.

이러한 맥락에서 17세기에 존 로크가 교육론에서 강조한 것처럼 지덕체가 아닌 체덕지로 초중등교육패러다임을 바꾸어야 하고 그러한 어릴 때의 체험이 어른이 되어서도 생활 속에 자리 잡게 만들어야 할뿐만 아니라 신체적, 정신적 건강에 관련된 평생교육프로그램을 많이 발굴하고 개설해야 한다.

최근 주민센터에서는 스포츠 관련 프로그램들이 크게 인기를 끌고 있는데 유산소운동에 좋은 댄스스포츠라든지 에어로빅, 헬스, 배드민턴, 탁구, 테니스, 수영 등과 정신적 건강 증진을 위해 요가, 명상, 심리상담, 자살예방, 노래교실 등이 여기에 해당한다. (79~80쪽 옮김)

2) 자존감 및 자원봉사프로그램

우주의 마지막 존재는 '나'라는 인식은 자존감을 높이는 방법 중에 하나다. 나 자신이 얼마나 소중한 존재인가를 깨닫는 순간 나와 더불어 살아가는 모든 생명체도 소중한 존재라는 것을 인식하게 될 수 있다.

세상은 혼자 살아갈 수 없고 더불어 살아가야 한다는 것을 아는 것이 영성을 깨닫는 것이다. 세상은 유기체적 관계에 놓여 있어 다른 사람은 물론 자연과도 따로 떼어 생각할 수 없다. 다른 사람이나 자연이 아프면 나도 아프게 마련이다.

예를 들어 동네 치안을 위해 자율방범대를 운영하게 되면 경찰을 덜 뽑고도 동네치안을 확보할 수 있다. 이렇듯 시민들이 모든 분야에서 자신의 재능을 기부하고 자원봉사에 참여한다면 지방정부의 재정지출을 줄일 수 있을 뿐만 아니라 공동체의식의 회복으로 더불어 살아가는 따뜻한 사회를 만들어 갈 수 있다. 더구나 자원봉사가 활성화되면 시민의 행정참여와 행정이해에도 크게 도움이 된다. (84~85쪽 옮김)

3) 재테크프로그램

경제가 어려워질수록 사람들은 경제의 가치를 최우선으로 삼는다. 세상을 살아가는 인간은 나름의 도리를 다하고 가치 있는 일을 추구하는 데에서 동물과 구별되어지는 것인데 심지어 어떤 가치 있는 일이나 이념보다 더 중요한 것이 경제라고 생각할 정도이다.

오죽하면 새해 인사로 "부자 되세요."라는 말이 유행했을까 싶다. 부자라는 말이 매우 천박하다고 여기면서도 내심으로 모두 부자 되는 게

함께하는 공동체의 행복공식

진짜 꿈일 것이다. 그래서 세종대왕 때 재상을 지낸 분은 '백성의 교화보다 더 중요한 것이 먹고 사는 문제를 해결해주는 것이라'고 할 정도였다. (87쪽 옮김)

특히 오늘날 많은 시민들은 재테크를 통해 비록 수입이 적어도 알뜰하게 사는 지혜와 효과적인 재정 운용에 관한 지식을 얻고자 한다. 이러한 욕구를 충족해주기 위해 지혜로운 소비생활과 현명한 투자 방법을 가르쳐 주는 것은 지역과 국가를 풍요롭게 만드는 결과를 가져온다는 점에서 권장할 만한 프로그램이 될 것이다.

이상의 내용을 바탕으로 시민을 행복하게 하는 평생교육 프로그램은 다음과 같이 정리해 볼 수 있을 것이다. 물론 여기에서 제시하는 프로그램은 예시에 불과하므로 얼마든지 더 풍부한 프로그램을 개발해서 시민들에게 제공할 수 있을 것이다.

〈표 8-2〉 시민행복 평생학습프로그램

영역	프로그램
리더십	● 시민리더십 함양과정 ● 공직가치 제고과정 ● 공공리더십 향상과정
건강	● 걷기지도자 과정 및 걷기교육 ● 댄스 스포츠 및 에어로빅 수영 ● 요가 및 마사지

안전	● 생활안전지도사 과정
	● 학교안전지킴이 과정
	● 안전관리지도자 과정
사랑	● 지역학 아카데미
	● 자존감향상 프로그램
	● 자원봉사자양성 과정
여유	● 소비생활관리자 과정
	● 명상 / 마음챙김 과정
	● 자산관리사자격 과정

앞으로 한국 사회와 도시공동체가 선진사회로 도약하기 위해서는 경제 성장 못지않게 사회질서를 확립하고 정직하며 신뢰할 수 있는 사회를 구축하는 것도 매우 중요한 과제이다. 다시 말하면 사회질서의 확립이 전제되지 않은 경제성장은 사상누각에 불과하다는 이야기이다.

그런 의미에서 사회자본이 풍부한 사회는 정직과 질서, 그리고 이웃 간에 신뢰가 살아 숨 쉰다. 좋은 시민이 있는 나라와 지역에는 좋은 정부, 좋은 지방정부가 존재하게 마련이다. 그러므로 올바른 시민정신을 기르는 것이 무엇보다 중요하다.

지역사회의 일에 적극적으로 참여하는 주민 육성은 주민의 평생학습을 통한 변화를 통해 가능할 수 있다. 지역 주민 전체의 평생학습이 일상화되어 있는 평생학습도시는 개인의 자아실현, 사회적 통합 증진, 경제적 경쟁력을 제고한다. 그리고 궁극적으로 개인의 행복감 제고와 도시 전체의 경쟁력을 향상시킬 수 있도록 언제, 어디서, 누구나 원하는 학습을 즐길 수 있는 학습공동체 건설을 도모한다. 이것이 바람직한 시민의 지역사회교육운동이다

- 참고문헌
- 저자소개

- 가토다이조(2004). 『격려 속에서 자란 아이가 자신감을 배운다』. 열린책들.

- 권영애(2019). 『자존감, 효능감을 만드는 버츄프로젝트 수업』. 아름다운사람들.

- 기시미 이치로 지음, 이용태 옮김(2015). 『행복해질 용기』. 더좋은책.

- 김갑성(2006). 『자존감 회복 방안 연구』. 호서대학교 신학박사학위.

- 김경희(2003). 『아동심리학』. 박영사.

- 김동규(1994). 『부모의 지혜』. 백수사.

- 김만권(2016). 『호모 저스티스』. 여문책.

- 김미영 외(2016). 『행복습관코칭』. 파주:한국학술정보.

- 김병오(2014). 『자존감 읽기』. 학지사.

- 김성광(2010). 『긍정의 힘』. 늘푸른소나무.

- 김순혜(2010). 『청소년의 자존감 결정요인: 자기-역량지각과 사회적 지지의 영향』. 인간발달연구. 제17호: 1-18.

- 김순자 · 이용훈 외 2명(2016). 『자존감 향상 프로그램을 통한 윤리상담의 실제』. 한국윤리교육학회 제10호: 198-222.

- 김영기(2008). 『부부의 자존감 수준과 부부 성만족도의 관계』. 한국심리학회지 제13호: 103-119.

- 김은실(2015). 『교사 및 상담자의 자존감 회복을 위한 Self-up 프로그램』. 상담과지도 제50호: 321-330.

- 김은실 · 손현동(2015). 『자존감 향상 프로그램: 원리와 실제』. 학지사.

- 김태길 외(1998). 『한국사회와 시민의식』. 서울: 문음사.

- 김태수(2007). 『좋은사회론의 개념적 토대: 에치오니를 중심으로』.

- 김태형(2018). 『가짜 자존감』. 갈매나무.

- 김호기(2007). 『한국시민사회의 성찰』 서울: 도서출판 아르케. 서울행정학회 동계학술대회 논문집.

- 남승규(2014). 『행복심리학』. 파주 양서원.

- 노영주(2017). 『중·고등학생의 자존감 결정요인과 학교행복감 간의 관계』. 가천대학교 대학원. 박사학위논문.

- 대린 맥마흔 지음, 윤인숙 옮김(2008). 『행복의 역사』. 파주:살림출판사.

- 도리스 페이버(2009). 『대통령의 어머니들』. 문지사.

- 박노동(2011). 『시민리더십교육프로그램 개발에 관한 연구』. 대전평생교육진흥원.

- 박미자(2001). 『투정많은 아이 친구 많은 아이』. 동아일보사.

- 박승민·강민철·김은하(2015). 『시간에 따른 자아존중감 변화에 대한 고등학생 비교』. 한국심리학회지. 2015(2). 63–84.

- 박호성(2009). 『공동체론: 화해와 통합의 사회적, 정치적 기초』. 파주: 효형출판.

- 오연호(2014). 『우리도 행복할 수 있을까』. 서울: 오마이북.

- 빌 클러포드 지음, 김경근 옮김(2004). 『내 아이를 바꾸는 마법의 대화』. 황매.

- 서수균(2007). 『자존감과 자기애 수준에 따른 분노사고, 신념, 분노표현의 차이』. 한국심리학회지. 제19호: 719–734.

- 송명자(2008). 『발달심리학』. 학지사.

- 신의진(2005). 『현명한 부모들이 꼭 알아야 할 대화법』. 랜덤하우스.

- 스와 고이치(2004). 『교사의 마음을 제대로 전하는 대화의 기술』. 양철북.

- 스티브 비덜프(1999). 『아이에게 행복을 주는 비결』. 북하우스.

- 안신호·박미영(2005). 『자존감 결정요인: 영역별 능력과 자기수용의 영향』. 한국심

리학회지 일반. 24(1). 109-140.

- 윌리엄 시어스(2004). 『현명한 부모는 아이를 스스로 변하게 한다』. 친구미디어.

- 윌리엄 제임스 지음, 정명진(역)(2018). 『심리학의 원리』. 부글북스.

- 윤홍균(2018). 『자존감 수업』. 심플라이프.

- 율리아 레이기펜테르(2005). 『내 아이와 어떻게 대화할 것인가』. 써네스트.

- 이달곤(2008). 『신뢰받는 정부』. 최병선·최종원(공편), 『국가운영시스템』. 서울: 나남.

- 이동수편(2013). 『행복과 21세기 공동체』. 서울, 아카넷.

- 이사라(2000). 『부모와 또래가 아동의 자아개념 발달에 미치는 영향에 관한 종단적 연구』. 이화여자대학교 대학원. 박사학위논문.

- 이정숙(2006). 『자녀의 성공지수를 높여주는 부모의 대화법』. 나무생각.

- 이창기(1991). 『도시계획관료의 대응적 태도에 관한 연구』. 서울대학교대학원박사학위논문.

- 이창기(2001). 『행정학에서의 시민주의의 회복』. 대전대 사회과학논문집, 17(2).

- 이창기(2007). 『새로운 공직가치 도출과 교수체제 개발을 위한 연구』. 서울행정학회.

- 이창기(2014). 『동행』. 대전: 서연.

- 이토 아키라(2005). 『긍정적인 말 한마디가 등 아이 만든다』. 예문.

- 장하준(2007). 『국가의 역할』. 서울: 도서출판 부·키.

- 조명래(2002). 『지구화, 거버넌스, 지방정치』. 도시연구, 8(1): 211-31.

- 조선미(2006). 『부모마음 아프지 않게 아이마음 다치지 않게』. 한울.

- 조웰 오스틴 지음, 정성묵 옮김(2006). 『긍정의 힘』. 서울:두란노서원.

- 전도근(2018). 『나를 행복하게 하는 자존감』. 교육과학사.

- 전도근(2018). 『나를 행복하게 하는 자존감 향상활동지』. 교육과학사.

- 정동섭(2015). 『자존감 세우기』. 요나단출판사.

- 진경혜(2006). 『아이의 천재성을 키우는 엄마의 힘』. 랜덤하우스코리아.

함께하는 공동체의 행복공식

- 존 그레이(2003). 『화성남자와 금성여자의 아이를 현명하게 키우는 비결』. 들녘미디어.
- 존 로스몬드 지음, 이은희(역)(2006). 『아이를 사랑한다면 엄격하게 키워라』. 즐거운 상상.
- 최협외(2006). 『공동체론의 전개와 지향』. 서울: 선인.
- 한국도시연구소 엮음(2003). 『도시공동체론』. 서울: 한울아카데미.
- 케이트 켈리 지음, 임승호(역)(2004). 『아이에게 필요한 칭찬과 꾸중은 따로 있다』. 랜덤하우스 중앙.
- 탈 벤-샤하르 지음, 노혜숙 옮김(2014). 『해피어』. 고양:위즈덤하우스.
- 하임 샤피라 지음, 정지현 옮김(2014). 『행복이란 무엇인가』. 파주:21세기북스.
- 호시이치로(2002). 『말 한마디에 우리 아이가 확 달라졌어요』. 프리미엄북스.
- 히라이 노부요시(2002). 『부모가 해야 할 일 하지 말아야 할 일』. 오늘의 책.
- 켄 블랜차드 · 타드 라시나크 · 처크 톰킨스 외 1명 지음, 조천제(역)(2018). 『칭찬은 고래도 춤추게 한다』. 21세기북스.
- Chandler, Ralph Clark(1984). 『The Public Administration as Representative citizen: A New Role for the New Century』. P.A.R., Vol. 44(Special Issue, March).
- Cooper, Terry L.(1984). 『Citizenship and Professionalism in Public Administration』. P.A.R., Vol. 44(Special Issue, March).
- Darrin Mcmahon, 윤인숙(역)(2008). 『행복의 역사』. 서울:살림, Happiness: A.
- History, 2006 Frederickson, H. George(1982). 『The Recovery of Civism in PublicAdministration』. P.A.R., Vol. 42. No.6.
- Etzioni Amitai(1991). 『The Good Polity, Can We Design It?』. American Behavioral Scientist, 34(5).
- Etizioni Amitai, 이범웅(역)(2007). 『넥스트: 좋은 사회로 가는 길』. 서울: 인간사랑;

Next: The Road to the Good Society. New York: Blackwell, 1999.

• Flathman, Richard(1981). 『Citizen and Authority: A Chastened view of Citizenship』. News for Teachers of Political Science, No. 30, Summer.

• Galbraith, John Kenneth(1996). 『The Good Society: The Humane Agenda』. Boston: Houghton Miffin.

• Frederickson, H. George and Ralph Clark Chandler(1984). 『Citizenship and Professionalism in Public Administration』. P.A.R., Vol. 44(Special Issue, March).

• Gawthrop, Louis C.(1984). 『Civis, Civiltas, Civilitas: A New Focus for the Year 2000』. P.A.R., Vol. 44(Special Issue): 101-106.

• Golembiewski, Robert T.(1989). 『Toward a Positive and Practical Public.Management: Organizational Research Supporting a Fourth Critical Citizenship』. A & S., 21(2): 201-205.

• Hart, David K.(1984). 『The Virtuous Citizen, the Honorable Bureaucrat and Public Administration』. P.A.R., vol. 44(Special Issue, March).

• Leo Bormans, 노지양(역)(2012). 『세상 모든 행복』. 서울: 흐름출판, The World Book of Happiness, Uitgeverij Lannoo nv. 2010.

• Long, N. E.(1981). 『Cities without Citizens』. Benjamin R. Schuster(ed.), Cities without Citizens, Philadelphia: Center for the Study of Federalism.

• McGregor, Engene B., Jr.(1984). 『The Great Paradox of Democratic Citizenship nd Public Personnel Administration』. P.A.R. Vol. 44(Special Issue, March).

• Mosher, William E.(ed.)(1941). 『Introduction to Responsible Citizenship』. New York: Henry Holt and Company.

이창기 저자

- 전북대 정외과 졸(정치학사)

- 서울대 행정대학원(행정학석사)

- 서울대 대학원(행정학박사)

- 제6288부대 소대장(RORC#16)

- 대전대 행정학과 교수(현 객원교수)

- 대전대 에너지정책연구소장

- 대전대 인적자원개발원장(겸 외국어정보사회교육원장)

- 국무총리실 행정도시 자문위원

- 한국공공행정학회 이사장(현)

- 대전광역시 시사편찬위원(현)

- (재)대전발전연구원장

- 국무총리실 지방이양 실무위원

- 국가평생교육진흥원 이사

- 국회의장 헌법연구자문위원
- 한국걷기운동본부 이사장(현)
- 한국정치정보학회장
- 한국장애인멘토링협회 총재(현)
- 한국청소년동아리연맹 총재
- 한국평생교육총연합회장
- 대한민국가족지킴이 총재
- 행정수도이전범국민연대 상임대표
- 대전경실련 도시안전디자인센터 이사장(현)
- (주)피에이치에스 회장(현)
- (주)에스디비 고문(현)

행복은 더 이상 개인적인 것이 아니다

권선복
도서출판 행복에너지 대표이사

'행복'이란 무엇일까요? 수많은 나라의 수많은 사람들이 이에 대하여 다양한 의견을 낼 수 있을 것입니다. 돈이 기본이라는 사람도 있을 것이고, 명예, 지위, 혹은 좀 더 심층적으로 들어간다면 사랑이나 우정 같은 비물질적 요소가 더 중요하다고 말하는 사람도 있겠지요. 그만큼 행복에 대한 정의는 다양하고 우리에게 중요합니다. 행복이 없다면, 살아갈 이유가 없다고 봐도 무방하니까요.

이 책의 저자는 특별하게도, 그렇게 중요한 행복 중에서 '공동체적 행복'을 강조합니다. '나 혼자만' 잘사는 행복이 아니라, '모두 다같이' 잘사는 행복의 중요성과 가능성을 이야기하고 있습니다. 어째서 다가오는 사회에 '공동체 행복'이 새로운 화두로 떠오르게 되는지 이야기하는 저자는 진정한 행복을 위하여 우리 사회와 개개인이 어떠한 노력을 하고 서로 협동하여야 하는지 자세히 밝히고 있습니다. 책은 행복에 대한 정의부터 시작하여 왜 '공동체 행복'이 중요한지, '행복한 나라와 도시'는 어째서 행복한지, '행복한 공동체의 이념'은 어디서 찾아야 할지, 그를 위한 '공공 리더십'은 어찌해야 할지까지, '행복'이라는 주제로 시작하여 다각도로 발을 뻗쳐 다양한 주제를 건드립니다. 이를 통해 '행복한 도시공동체 건설' 방향까지 짚고 있는 저자의 식견은 깊고도 자세하여, 우리 사회가 현재 '행복'이라는 화두를 가지고 어디까지 발전할 수 있을지, 어떠한 형태를 띠어야 모두가 잘사는 공동체를 이룩할 수 있을지 깊게 통찰하고 있습니다. 즉 행복이란 개인적 차원에 머무를 수 있는 단일 주제를 확장시켜 정치와 사회 저변까지 끌고 와 바람직한 사회상을 제시한다는 점에서 진지하고 특별한 책이라고 할 수 있습니다.

공동체 인식을 기반으로 시민 개개인이 어떤 '리더십'을 개발할 수 있을지, 공직자는 어떻게 '공직 가치'를 발전시켜 나갈 수 있을지까지 다루고 있는 글을 읽다 보면, '행복'이라는 것은 추상적으로만 재단하는 요소가 아니라 적극적으로 본인과 사회의 모습을 바꾸기 위해 도전하는 과정에서 자연스럽게 얻어질 수 있고 또 그래야만 하는 '공적 가치'가 아닌가 하는 생각이 듭니다. 저자가 책에서 언급한, 불교에서 말하는 인간과 자연, 자연과 우주의 모든 구성이 하나의 몸으로 되어 있다는 '인드라망' 사상처럼, 나와 이웃과 세계가 하나의 몸이기 때문에 고통도 기쁨도 하나인 것이라는 구절 속에서 이 책의 주제가 드러납니다. 즉 우리는 결국 혼자서는 살 수 없고, 궁극적으로 서로를 행복하게 해주는 과정에서 자신의 행복을 쟁취할 수 있습니다.

이를 위해서는 추상적인 관념을 실제화시키고 물질화시키는 노력이 필요한데, 이 책은 바로 그러한 실질적인 노력이 어떠해야 할지에 대해서도 정치 사회적으로 접근하여 제시하고 있어 실용적이고 유익합니다.

'행복'에 관한 내용을 이토록 맛있고 다채롭게 보여주는 저자의 식견이 훌륭함을 느낍니다. '나 혼자만 행복하지 말고, 다 같이 행복하자!' 이 슬로건 아래 대한민국 국민들이 다가오는 미래에 한 단계 더 껑충 도약하여 행복한 사회를 이루었으면 하는 바람입니다. 본 서는 그러한 길로 가는 단초를 제시해 줄 것입니다.

청명한 가을 하늘 아래 청명한 행복이 꽃피길 바라며, 이 책을 읽는 모든 분들에게 행복한 에너지가 팡팡팡! 터지길 기원하겠습니다.

인생 르네상스 행복한 100세

김현곤 지음 | 값 15,000원

미래디자이너이자 사회디자이너인 저자가 고령화혁명으로 발생될 장수시대를 안내한다. "내 일이 없으면 내일도 없다"라는 키워드를 중심으로 평균연령 100세, 장수연령 120세 시대에 겪어야 할 인생의 후반전을 '내 일'을 가지고 살아야만 진정 행복한 100세 인생을 누릴 수 있음을 역설한다. 그림을 통해 알기 쉽게 100세 시대를 안내함으로써 행복한 황혼기를 개척하는 사람들의 환한 길잡이가 되어 줄 것이다.

남불 앵커 힘내라, 얍!!

남불 지음 | 값 15,000원

이 책 『남불 앵커 힘내라, 얍!』은 혼란한 세상 속 행복한 삶을 꿈꾸는 사람들에게 일상 속에서 깨닫는 삶과 행복의 본질을 말하고 있다. 웃음과 눈물이 공존하며 일견 평범해 보이는 일상 속 작은 깨달음과 마주하다 보면 '무탈하게 살아가는 것이 행복'이며 '삶은 누려야 하는 향연'이라며 힘주어 이야기하는 저자의 목소리에 자연스럽게 공감하게 된다.

끌리는 곳은 서비스가 다르다

박정순 지음 | 값 15,000원

책 『끌리는 곳은 서비스가 다르다』는 현재 11년 차 소상공인이며 서비스와 이미지 메이킹 전문가인 저자가 사업을 성공으로 이끄는 서비스 노하우를 알려준다. 모든 사업의 핵심 바탕이 되는 '서비스'에 대해 심도 있게 다루면서도 독자들로 하여금 쉽게 이해할 수 있게 실제 사례를 들어 친절하게 설명한다. 모든 사업 성공의 바탕에는 '서비스'가 있다는, 잊기 쉽지만 가장 중요한 핵심을 잘 짚어내고 있다.

울지 마! 제이

김재원 지음 | 값 15,000원

책 『울지 마! 제이』는 방황하며 힘겨워하는 모든 '제이'들을 위로하며 삶의 지혜를 담은 메시지를 전해주는 책이다. 때로는 위로하고 때로는 채찍질을 하듯 따끔한 충고를 던지면서도 격려를 아끼지 않는 저자의 따뜻한 마음이 책 곳곳에서 느껴진다. 가장 강력한 힘을 가진 친구이자 인생의 멘토가 되는 나의 자아 '제이'에게 들려주는 황금메시지가 인생의 길을 친절하게 안내할 잠언이 되어 줄 것이다.

'행복에너지'의 해피 대한민국 프로젝트!

〈모교 책 보내기 운동〉

대한민국의 뿌리, 대한민국의 미래 **청소년·청년**들에게 **책**을 보내주세요.

　많은 학교의 도서관이 가난해지고 있습니다. 그만큼 많은 학생들의 마음 또한 가난해지고 있습니다. 학교 도서관에는 색이 바래고 찢어진 책들이 나뒹굽니다. 더럽고 먼지만 앉은 책을 과연 누가 읽고 싶어 할까요?

　게임과 스마트폰에 중독된 초·중고생들. 입시의 문턱 앞에서 문제집에만 매달리는 고등학생들. 험난한 취업 준비에 책 읽을 시간조차 없는 대학생들. 아무런 꿈도 없이 정해진 길을 따라서만 가는 젊은이들이 과연 대한민국을 이끌 수 있을까요?

　한 권의 책은 한 사람의 인생을 바꾸는 힘을 가지고 있습니다. 한 사람의 인생이 바뀌면 한 나라의 국운이 바뀝니다. **저희 행복에너지에서는 베스트셀러와 각종 기관에서 우수도서로 선정된 도서를 중심으로 〈모교 책 보내기 운동〉을 펼치고 있습니다.** 대한민국의 미래, 젊은이들에게 좋은 책을 보내주십시오. 독자 여러분의 자랑스러운 모교에 보내진 한 권의 책은 더 크게 성장할 대한민국의 발판이 될 것입니다.

　도서출판 행복에너지를 성원해주시는 독자 여러분의 많은 관심과 참여 부탁드리겠습니다.

도서출판 **행복에너지** 임직원 일동

문의전화 010-3267-6277